松居一代の
超《スーパー》おそうじ術
Super Cleaning way

松居一代

はじめに

「掃除は嫌い」でも生活していると家は汚れる。わかっていても始められないのが「掃除」。

「明日やろう」と決心したのに、その日が来ると「ホコリで死ぬわけじゃないし……」と自分を納得させた経験はありませんか？

掃除マニアと自負している私ですが、何を隠そう、実は私は掃除大嫌い人間だったのです。恥ずかしい限りですが、小・中・高と学校の掃除はまったくやりませんでした。学級日誌には二日に一回、「松居が文句だけたれて掃除をしない」と書かれ、卒業文集にはみずから「炊事・洗濯、あぁ面倒くさい……」と書いていた私です。

でも人は変われますよ。だって私は大変身を遂げ掃除本まで書いちゃったのですから。

なぜ変わったのか。それは掃除をすると得することがいっぱいあることを発見したからです。もちろん息子の病、アトピー性皮膚炎も影響していますが……。

それに、私は超合理主義者なんです。時間の浪費、お金の浪費は大嫌い。そのうえひとつのことをやれば、必ず一石五鳥ぐらい得をしないと気がすまない性格です。

そんな私が掃除嫌いから掃除大好き人間になったのは、掃除からたくさんの術を学んだからです。時間節約術、再利用術、体力作りとエクササイズ、地球環境に興味を持ち、そのうえジャンジャン幸せまで舞い込んできたら、あなたはどうしますか？

もう絶対、掃除はやめられませんよ。

しかし始めるにしても、そのやり方がわからない。どうやって洗ったらいいの？　どんなふうに拭くの？　洗剤はどれがいいの？　スポンジはどれ？……etc
そこで悩めるあなたに、私があれこれ試した末にたどりついた、究極の術をこれからすべてお話しします。

必ずあなたの背中をドーンと押します。


「汚い家には幸せは来ない！」

さあ、マツイ・マジックのはじまり、はじまり。

matsui magic 1
時間節約術

時間使いの達人になれる！

仕事・主婦業・習いごと、一日フル回転の私。
でも、掃除も料理も、茶碗洗いまでも
人任せにはできません。

**だけど、一日は24時間しかない！
いかに上手に時間を使うかで、
人生大きく差が出ます。**

私は掃除を通して時間の節約術を学びました。
きっとあなたにもできます！

私の実践術

- 朝、起きたら、その日のスケジュールを30分単位でプランニング。
- カレンダーは仕事・プライベート・習いごとに分けて、いつでもどこでも見られるように。
- 時計は家中に。リビング・台所・寝室・洗面所・浴室・トイレに至るまで配置。
- 食事の後片付けは、お皿を洗う順番まで決めて手際よく。
- 洗いものを一つでも少なくするために、調理のプランを立てれば鍋は一つか二つでOK！
- 掃除道具は動線を考えながらいくつかに分散して配置すること。
- 「○○しながら」掃除は時間の節約に最高。

matsui magic②
再利用術

再利用&もの持ち名人になれる！

「もったいない」が死語になっている今の世の中。
でも、使えるものまで捨てるなんて、あぁ、もったいない！

ちょっと目線を変えれば、立派に再利用！

気に入ったものには愛があるので
ポイッっと捨てられません。

妥協しないで選んだものは、永遠に使えます！

私の実践術

- ●もらったプレゼントのリボンや包装紙を再利用すれば、すてきなラッピンググッズに変身。
- ●受け取った御祝儀袋も立派に再利用ＯＫ！「寿」が印刷された短冊だけでも売っています。
- ●古着はマツイ棒や掃除グッズに。
- ●スーパーのトレイは、フライの小麦粉、パン粉皿として利用してからリサイクルへ。
- ●私のお気に入りのアイロン台は21年、食器カゴは23年、鍋に至ってはなんと28年（柄は取れてしまいましたが）愛用しています。手入れが行き届いていれば、年季が入っても新品同様。これから先も永遠に……。

matsui magic ③
シェイプアップ術

掃除は最高のエクササイズ！

年を重ねてくると、日常生活のなかで
使う筋肉と使わない筋肉の差は広がる一方。
掃除の時間は、その差を縮める絶好のチャンスです。

**ひとつひとつの体の動きに
意識をもって掃除すれば、
それはもう立派なエクササイズ！**

時計を見ながら、
ピッチを上げてテキパキと。
オリンピック選手の気分になって
よーい、ドン！

私の実践術

- 床に掃除機をかけながら、背中の引き締め運動。
- 天井の掃除機かけは、腕の筋力トレーニング兼全身のストレッチ。肩甲骨の運動にも効果あり。
- 窓拭きで腕を大きく動かすと消費エネルギーが増え、腕の筋肉が鍛えられる。かかとの上げ下げは骨盤エクササイズにもなる。
- 雑巾がけは全身運動。神経の伝達にまでも効果あり。胸の筋肉が鍛えられ、バストアップにもつながる。
- ふとん洗いの足踏みは脂肪燃焼に効果的な運動。膝を上げることで運動量も増え、太ももの引き締め、転倒防止の効果も。

matsui magic ④
エコロジー術

掃除から学ぶエコロジー!

掃除をすればするほど
洗剤の刺激が気になるもの。
必ずあなたは手に優しいものを
愛用するようになるはず。

自分を大事にすれば、
地球にも優しくなれるのです。

しかも、あなたは食生活も
見直すようになるはず。

体が喜ぶ食べ物で、パワフルな毎日を
送れるようになります。

私の実践術

- スポンジやクロスは土に帰る素材のものを選んで愛用。
- 洗剤は、低刺激で天然原料を使っているものを厳選。
- 昔古来のお酢は、隠れた掃除の万能選手!
- 麺類の茹で汁でシンクを洗うとピカピカに!
- 洗濯の常識は今や変わって洗剤いらず。
- 愛用の洗剤を決めてあれば、余計な試し買いをすることもなく、中途半端で捨てる心配もナシ! 自然と省ゴミになっている。
- 料理の分量はきっちり計って無駄なく!
- お皿の油汚れは、洗う前に生ゴミの野菜の皮などで拭き取って。

matsui magic⑤

オリジナルグッズ

私が行きついた、マツイ棒！

掃除マニアの私があみ出した最強の掃除グッズ。手の届かない場所から指の入らない狭いところまで大活躍のマツイ棒です。

★洗剤いらず
★手の届きにくい場所もOK
★マツイ棒のサイズによって、家中どこでも使える
★古着がマツイ棒に変身！
★輪ゴムがホコリをつかまえる

節約・リサイクル・エコロジー。一石三鳥！　究極の掃除グッズです。

★マツイ棒の作り方

【必要なもの】菜箸（割り箸、竹串、つまようじなども可）・使い古しの布・輪ゴム

① 図のように菜箸を布の上に置く。このとき、掃除したときに抜けないように、菜箸の手に持つほうに布をかぶせること。

② 布をきつく巻きつけていく。

③ 巻き上がったら輪ゴムで布を固定する。布全体にまんべんなくかかるようにするのがコツ。

★ホコリのたまりやすい場所では輪ゴムが威力を発揮します。輪ゴムを多め（6～8個）に巻きつけるようにします。

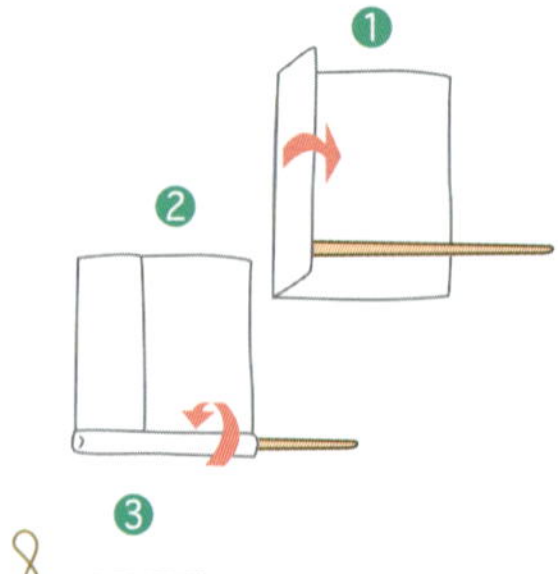

matsui magic⑥ オススメ商品

私が使っているのは、たったこれだけ!

洗剤の種類で悩むのは時間の浪費。数が多いと収納場所に悩み、なにより不経済! だから私の掃除道具は超・シンプル。現在、私が自宅で活用している商品たちを一挙公開!

超 オススメ商品

住宅用洗剤
浴室用洗剤

エコベール 住まい用洗剤
ベルギー生まれのナチュラル洗剤（P.20）

皮革専用クリーム

ラナパー
蜜ロウとホホバ油で作られた天然クリーム（P.25）

台所用洗剤

スピカココ 台所用
ココナッツから生まれたオーガニック洗剤（P.61）

研磨スポンジ

おまかせクリン 洗面台用
水アカ落としの助っ人スポンジ（P.86）

クロス

でんぷんミラークロス
トウモロコシのでんぷんでできたクロス（P.23）

掃除機

コーボルト130
エコロジー大国ドイツで愛用されているスグレモノ（P.36）

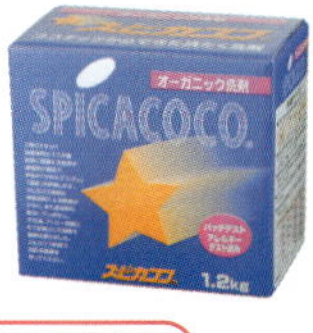

洗濯用洗剤

スピカココ 洗濯用
ココナッツから生まれたオーガニック洗剤（P.73）

洗濯用品

ランドリー・リング
洗濯の歴史を変えたアメリカ生まれのリング（P.102）

本書では（　　）内の表示のある場所で使用しています。

CONTENTS

Entrance【玄関】

Living Room【リビング】

Kitchen【キッチン】

Bed Room【寝室】

Bath Room【バスルーム】

Toilet【トイレ】・Wash Room【洗面所】

さぁ、お掃除を
始めましょ！

Entrance【玄関】

幸せは玄関から入ってくる！

玄関は家の中でいちばん大切な場所だということを肝に銘じてください！

幸せが舞い込んでくるか、それとも逃げていってしまうか。いい運がつかめるか、それとも逃がしてしまうか、あなたの掃除力と気合いにすべてがかかっています。

玄関を見ればその家の様子がわかると思いませんか？　枯れた植木をそのまま置いてある玄関、靴がぎっしりで足の踏み場もない玄関……etc. さまざまありますが、玄関は「要」だということを忘れないでお掃除しましょう。

表札は汚れていませんか？　自分の顔だと思って愛情を込めましょう。外灯や郵便受けも忘れないように。

植木が伸び切って玄関を暗くしていませんか？　何ごとも暗いのはいけませんね。幸せが遠ざかりますから。

玄関ドアもしっかり拭きましょう。風水では白い雑巾が幸せを呼び込むのに効果抜群らしいです。手アカで汚れがちなドアノブも忘れずに、柔らかい布で拭けばピカピカ。靴を買ったときに

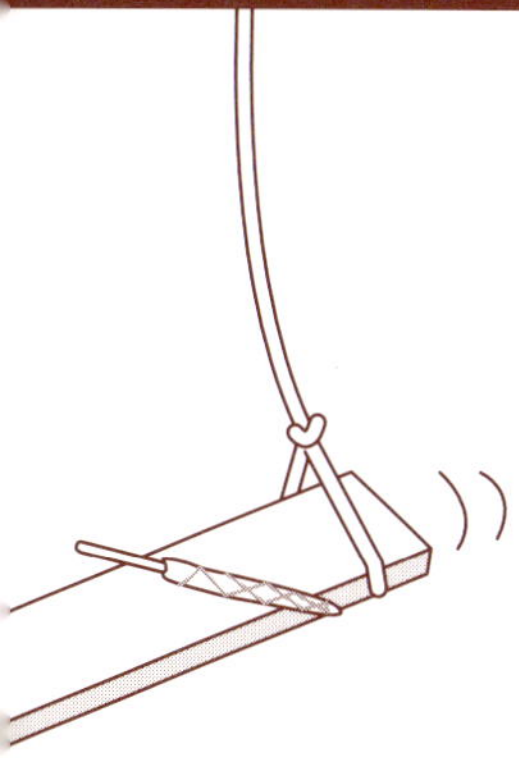

ついているおまけの布が便利ですよ。
　玄関のたたきは大変。毎日かなり汚れるので、雑巾で拭いていたらゆすぐ時間がもったいない。そんな場所は使い捨てのおしぼりが便利です。「時は金なり」、この精神を大切にしましょう。わが家では飛行機や新幹線でもらう布おしぼりを重宝しています。
　防犯的な角度から見ても掃除をすることはよいことずくめ。自分のオーラが掃除したところに付着します。つまりそのバリアによって悪い侵入者が入りづらくなるわけです。玄関や窓には効果抜群ですよ。
　さあ、泥棒から家を守り、幸せを呼び込むお掃除を始めましょう！

［ないしょ話 その❶］
　主人を教育した結果、客室乗務員のお姉さんにうまく話をして、三人分くらいの紙おしぼりをもらってくるようになりました。素直な夫。

ドア

雑巾　マツイ棒　クロス

週に1回

❶ 全体をかたく絞った雑巾で拭きます。
❷ 凹凸のある部分はマツイ棒で汚れを取ります。
❸ 脚立に乗り、ドアの上辺やその周辺も拭きます。
❹ ドアの脇の照明も一緒に拭いておきます。
❺ ドアノブはクロスで拭きます。

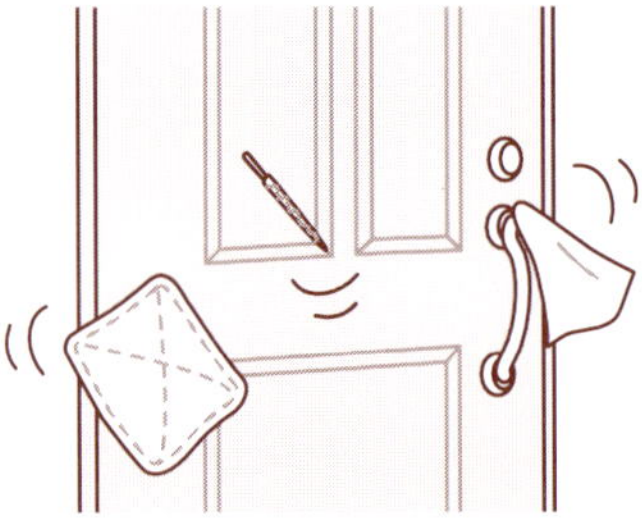

【汚れがひどいとき】
乾いたタオルに住宅用洗剤を吹きつけて汚れを取ります。

Point!

風水では、水拭きするときにお水にほんの少し塩を入れるとよいといわれています。

わが家のルールは「家に着いたらすぐに手を洗う」こと。これは家族のみならず、息子の友達にまで徹底した決めごとです。手が汚れていると、いくら掃除してもムダになりますから。みんなの協力のおかげで家はピカピカ!

超 オススメ商品

「エコベール」住まい用洗剤
問:株式会社ロジスティーク ジャポン
☎0120-61-9100
家中これ1本でOKというくらい超すぐれもの。薄めて使うタイプなので、とても経済的です。私はスプレーボトルに薄めた液を作っておき、いつでも使えるようにしています。ベルギー生まれの、地球にも優しく肌にも優しいナチュラル洗剤です。

表札

(きれいな布) (綿棒)

週に1回

❶ かたく絞ったきれいな布で拭きます。
❷ 凹凸や溝は綿棒で汚れを取ります。

表札は"家の顔"とも言えるとても大切なもの。雑巾として使っているものではなく、専用のきれいな布を用意して拭きましょうね。

インターホン

(雑巾) (マツイ棒)

週に1回

❶ 全体をかたく絞った雑巾で拭きます。
❷ 細かい部分はマツイ棒で汚れを取ります。

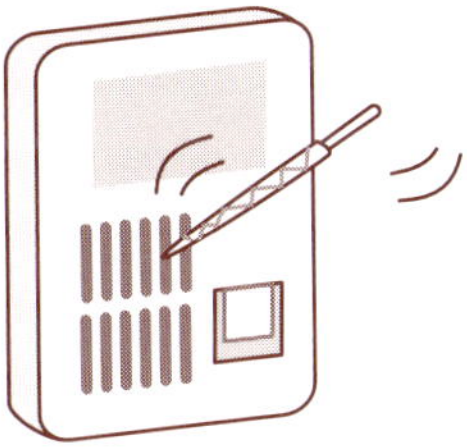

【汚れがひどいとき】
乾いたタオルに住宅用洗剤を吹きつけて汚れを取ります。

たたき（玄関の床）

（ウエットティッシュ）

週に3回～4回

❶ ウエットティッシュで拭きます。

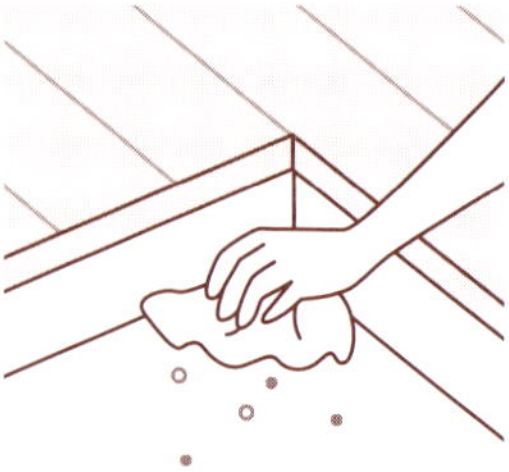

Point!

家の中できっといちばん汚れる場所ではないかしら。それだけに、雑巾をゆすぐ時間を考えるとウエットティッシュが便利です。私はもっぱら、飲食店や飛行機、新幹線でもらう紙おしぼりなどを重宝しています。これも節約と資源の有効活用のひとつです。へたに洗剤を使うと滑るので注意して!

ポーチ

（ほうき）（雑巾）
（デッキブラシ）（歯ブラシ）

汚れたときに・雨の日の翌日

❶ ほうきで掃きます。
❷ 水をかけながらデッキブラシで洗います。
❸ タイルの目地は歯ブラシで洗います。
❹ 隣家との境界になっている塀なども水をかけながらブラシで洗います。細かい部分は歯ブラシで。
❺ 水滴が飛んだドアを雑巾で乾拭きします。

Point!

いっぺんに掃除しようと思うと大変。「今日はここまで。次回はここまでにしよう」と決めて掃除すると無理なく続けられます。また、デッキブラシを使うときには、人の出入りの少ない日を選ぶようにしましょう。乾く前に人が歩くと、靴の汚れがしっかりとタイルに残ってしまうので、その点も考慮して掃除する時間などを考えて。

鏡

クロス

週に2回〜3回

❶ かたく絞ったクロスで拭きます。

Point!

ヘタに洗剤を使うと油膜ができるので、使い古した布を少し湿らせて使うと楽ですよ。

鏡が汚いと
せっかくのお顔が
ブスに見えちゃう！

鏡が汚れていると幸せが逃げていってしまう！とくに注意してね。家中の鏡をまとめて掃除すると楽です。時間の節約にもなりますよ。

超 オススメ商品

「でんぷんミラークロス」
問：株式会社マーナ
☎03-3829-1111
絶対に手放せない愛用のマジック・クロス。トウモロコシのでんぷんから作られているこのクロスは、水だけで汚れが簡単に落とせます。気になる水あとや繊維が残らないので乾拭きをしなくても大丈夫。時間の節約もできるスグレモノ。家中に使えますよ！

でんぷんミラークロス

下駄箱の中

(雑巾)

3カ月に1回

❶ お天気のいい日を選び、靴を外に出して陰干しします。
❷ 最後のお務めのつもりで、捨ててもいいボロ雑巾で拭きます。
❸ よく乾燥させてから靴を元に戻します。

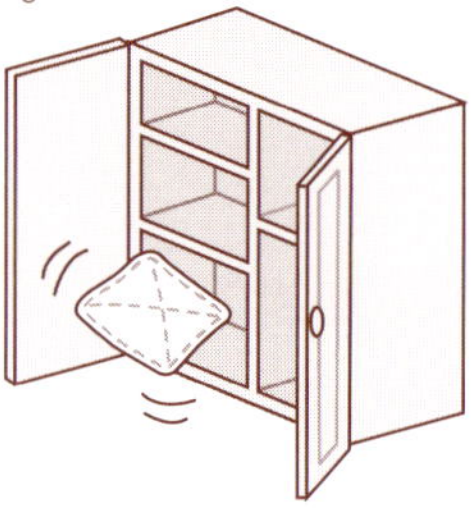

超 オススメ商品

「炭」
わが家では下駄箱の消臭、吸湿に炭を愛用しています。炭には小さな穴が無数にあり、内部の表面積がとても広くなっています。そのため空気がこの穴を通過するときに広い面積で湿気やニオイを吸着するのです。効果がなくなってきたら、水洗いをして天日で干しましょう。

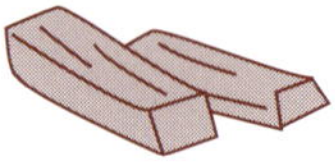

下駄箱の外

(雑巾) (やわらかい布)

週に2回

❶ かたく絞った雑巾で拭きます。
❷ 取っ手が金属の場合は、乾いたやわらかい布で拭きます。その他の場合は雑巾で拭きます。

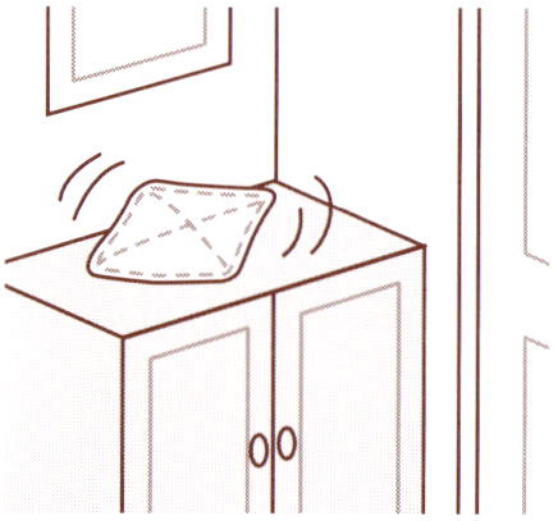

靴

ブラシ　洗濯用洗剤　皮革専用クリーム

汚れたときに

❶ 洗える靴は洗濯用洗剤をつけてブラシで洗い、その他の靴は汚れを落とします。

❷ 革靴は皮革専用のクリームで磨きます。

お掃除上手になるには、捨てる勇気を持つことも大切です。三年以上履かない靴は処分の対象ですね。履かない靴は出しっぱなしにしないで、下駄箱に入れる習慣を身につけましょう。

超 オススメ商品

「透明ボックス」

透明ボックスに日ごろ履かない靴や草履をしまっています。こうしておけばいちいち確認しなくても一目瞭然で中身がわかります。探す時間を節約できます。

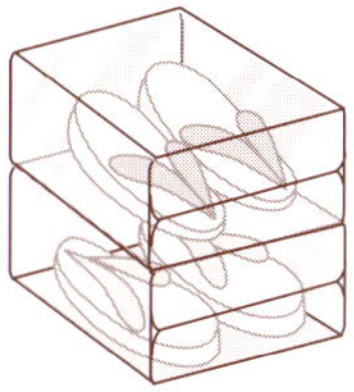

「ラナパー」

問：株式会社花田

☎03-3887-6201

蜜ロウとホホバ油など、天然素材100%で作られた皮革のトリートメントクリームです。少量を靴につけて磨くだけでツヤが出るし、皮膚についても無害な天然素材を使用しているので安心。赤、黒、茶、白……。すべての色がこれひとつでOK。ソファ、ハンドバッグ等にも。

階段

雑巾　掃除機

週に2回～3回

❶ 手すりはかたく絞った雑巾で拭きます。

❷ ステップ部分がじゅうたんなら掃除機をかけます。フローリングの場合はかたく絞った雑巾で拭きます。階段の途中に照明があれば忘れずに拭きます。

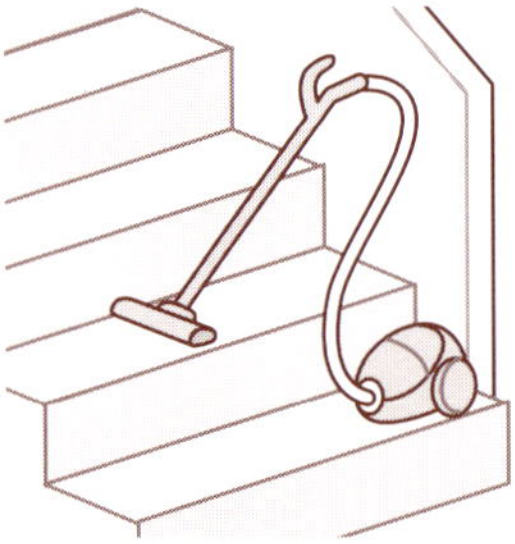

Point!

階段の足で踏む面（A）と隅（B）では掃除機のノズルを換えてかけるようにします。今日は（A）、明日は（B）と分けてかけるようにすると負担になりません。

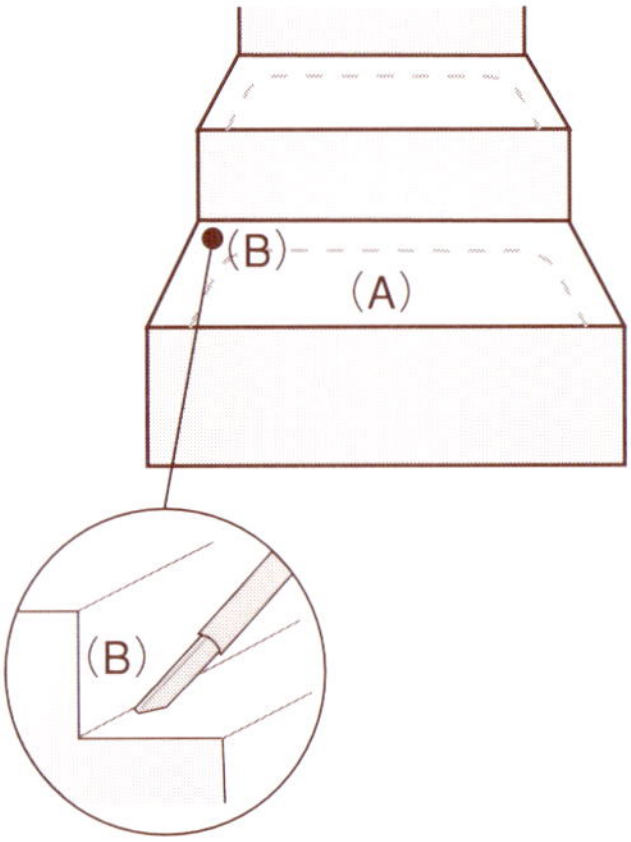

玄関の掃除は「気合いだぁ」

あなたの夢はなんですか？　私は〝夢見る夢子ちゃん〟と呼ばれるくらい、いつもたくさん夢を持っています。そのなかの大きなひとつが、めでたく三年前実現しました。それは「東京で家を建てること」でした。

私は五歳のときから「テレビに出たい」と芸能界に憧れていた少女です。十九歳のとき「ようし、東京へ行くか」と決心し、親の大反対を押し切ってカバンひとつ抱えて大都会東京へやってきました。

田舎者の私は都会に夢がいっぱいありました。初めての一人暮らしですから、しゃれたマンション、白い玄関ドア、陽があたる出窓、真っ白なバスタブ、システムキッチン……etc.

しかし現実は厳しく、借りられたアパートは今にも崩れそうなモルタルのボロアパートだったのです。玄関ドアはギィギィ音を立てるベニヤ板、台所にはコンロがひとつ、トイレは共同、当然風呂はなし。でもそのボロアパートが私にハングリー精神を植えつけてくれたのです。「いまに、このカビ臭いアパートを飛び出して、いつか東京で家を建ててやる!」と……。

そして二十五年が過ぎさり、とうとう夢は現実になったのです。私が四十四歳の春、家は完成しました。

新居には私のすべてが詰まっています。釘一本、タイル一枚、サッシ一本……古くさい言い方ですが、私の汗と涙の結晶です。

土地探しのときからワクワクしましたね。ご相談したのは、スピリチュアル界の第一人者、江原啓之先生。先生のパワーは本当にすごいですよ。先生に「家を建てたい」と告げたとき、すでに先生には、新居の大きさや形や色までもがハッキリ見えていたんですからね。私は鳥肌が立ちましたよ。

いざ家を設計するときは楽しくってしかたがありませんでした。なにしろ二十五年間温めていた夢が現実になったんです。毎日がルンルンで、ビデオカメラを片手に足が自然に工事現場へ向かいました。

玄関作りでは幸せが最高潮に。いちばん気合いが入りましたね。玄関には家族全員の運命がかかっていますから。人間努力するのは当然ですが、やはり「運」はすごく大事です。それによって人生変わってきます。

私は風水も好きなので、新居にももちろん取り入れました。

玄関に水晶がいいのをご存じですか？　わが家の玄関には大きな紫水晶があります。水晶には悪しきものを封じ込めるパワーがあるそうです。

ただし、飾りっぱなしはダメですよ。水晶のパワーをつねに高く保つために太陽にあてて塩水で洗いましょう。

香りも大切なアイテムです。家の中の気を動かし、幸せを呼び込んでくれるからです。

生花もすごく大事。でも花瓶の水が濁っていたら最悪です。毎日取り替えましょう。

そして、いちばん大切なことは、決してイヤイヤ掃除をしないことです。しかめっ面はいけませんよ。「幸せよ、舞い込んでおいで！」と心のなかで念じながら、気合いでお掃除しましょう。

Living Room【リビング】

愛する家族のために頑張ります！

リビング・ダイニングは家族の憩いの場所。家族が仲よく、そして全員のエネルギーを高めるために心温まる掃除をしましょう。

リビング・ダイニングに家族の写真が飾ってあるお宅は多いと思いますが、ホコリがたまりやすいので要注意。観葉植物も気をつけて。

家族の集まる場所に手作り品を置くとよいと聞いたので、「よしっ！」と思い、テレビショッピングで一万円のミシンを買って、さあ開始。

だってクッションやテーブルクロスは結構な値段がするでしょう。「はじめに」でも話したように私は無駄が大嫌い。だから作っちゃうのがいちばん。そのうえ、手作り品は愛がいっぱいで幸せまで呼び込めるのですから、まさに私のポリシーにぴったり。

こんなふうに書くと「マツイさんは家庭科が得意だったからよ」と思われるでしょうが、イエイエ違います。家庭科は大嫌い、提出物は母の作品でした。それが今では洋服までガンガン縫っているのですから、自分でも驚きです。人は本当に変われます。あなたも変身してお掃除マニアになっちゃいますよ。

節約ついでにお話しすると、私は自分のものはほとんど手で洗っています。だってクリーニング代は高いし、自分で洗ったほうがキレイになる。シャネルのスーツやダウンのコートだってへっちゃら。洗い方のコツさえつかめば、気分はクリーニング屋さん。当然カーテンだって一年に四回ジャブジャブ洗っていますよ。縮む心配なんていりません。洗い方は本文に詳しく書いてあるので、参考にしてください。

お掃除の行き届いたリビング・ダイニングで家族の会話を弾ませましょう。

［ないしょ話 その❷］

主人のスーツも洗いたいのですが、怖がってやらせてくれません。でも私はこっそり洗っています。知らぬは夫ばかりなり。

照明

雑巾　マツイ棒

住宅用洗剤

月に1回

❶ 天井から外します。

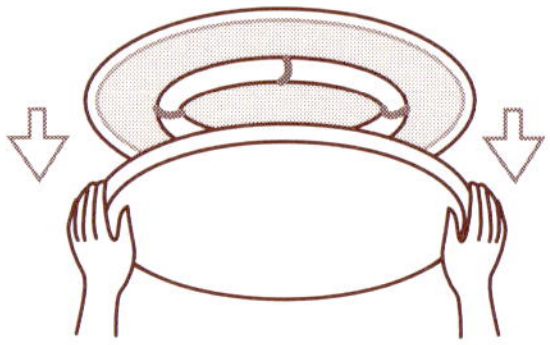

❷ 乾いた雑巾に住宅用洗剤を吹きつけて、それぞれのパーツを拭きます。

❸ 細かいところはマツイ棒で汚れを取ります。

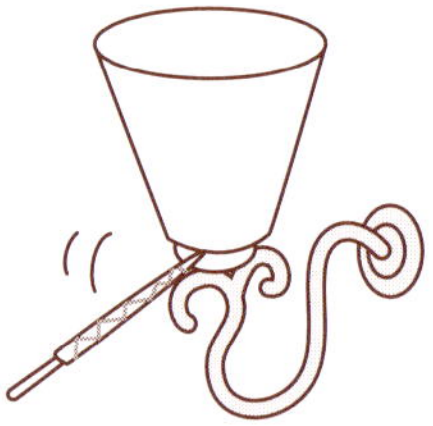

Point!

汚れのひどいときには洗うのがいちばん。わが家では台所用洗剤で洗っています。取り付ける前によく拭いて、水気を完全に取ること。

フローリング

掃除機　雑巾

2日～3日に1回

❶ フローリングの目に沿って掃除機をかけます。

❷ かたく絞った雑巾で拭きます。

Point!

床の木は植物からできているので、植物性のヌカや米のとぎ汁でお手入れするのもいいです。牛乳もなかなかいいですよ。

●お掃除エクササイズ

膝をつかず、しゃがんだ状態で雑巾を「イチ、ニ、イチ、ニ」とテンポよくピッチをあげて左右大きく動かします。全身運動によって筋肉の動きの連動がよくなり、神経の伝達もよくなる効果があります。胸筋が鍛えられ、バストアップにもつながります。

白い雑巾だと
汚れがわかって
励みになるわよ

天井

掃除機

２週間に１回

❶ 掃除機をかけます。

Point!

天井に掃除機をかけるときに、ノズルがぴったりと天井につくように。

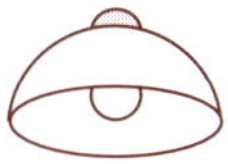

掃除機をかける
順番はまず天井！
次に床へ

●お掃除エクササイズ
ホースを持った両腕が耳の後ろまでくるように前後に動かします。腕の筋力トレーニング兼全身のストレッチに最適。かかとを上げながら肩甲骨を背中の中央にグッと引き寄せる気持ちで。肩甲骨の運動にも効果あり。

床は掃除してても天井は忘れていませんか？ホコリは上から落ちてきます。少し体力のいる作業なので、いっぺんにすませようと欲ばらないで、今日はこの部屋、明日はこの部屋とプランを立てること。そのときに照明とエアコンも一緒に掃除すると、時間節約にグッド！

カーペット

掃除機

週に2回〜3回

❶ ソファやテーブルなど、家具はできるだけ位置をずらします。
❷ 掃除機をかけます。

Point!

毎回すべての家具を動かすことは大変。月曜日はひとり掛けのソファ、火曜日はテーブル、水曜日はチェスト……というように、1週間のサイクルでどの家具を動かすのか決めると楽ですよ。

●お掃除エクササイズ

掃除機は肩を下げながら、グイグイ後ろに引くこと。背中の引き締めや肩こり解消に効果的。

超 オススメ商品

「コーボルト130」
(ドイツで愛用されている掃除機)
問:フォアベルク日本株式会社
☎0120-114-660

掃除機の性能によって効果はずいぶん違います。徹底的に調べた末、私はコーボルトを長年愛用しています。高額ですが毎日そのすばらしい働きに感激しています。ドライクリーニングもできるので、わが家のカーペットはすごくきれいです。納得できる掃除機を選ぶことは大切ですよ。

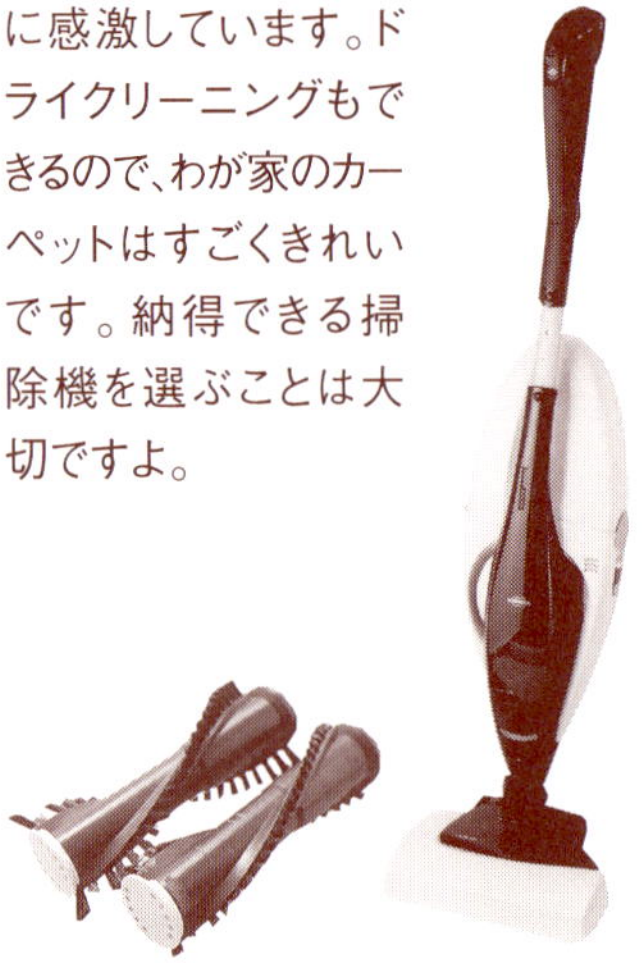

毎分5800回転の高速ブラシが、奥に入り込んだゴミやホコリをたたき出します。右側がわが家のブラシ。3年間、本当によく使いました。

掃除機のかけ方術!

効率よく上手にかけましょう!

カーペットは、毛の奥にゴミやホコリ、ダニやダニの死骸がたまりやすいもの。
コツを押さえて掃除機を上手にかけましょう。

・4方向からまんべんなくかけて

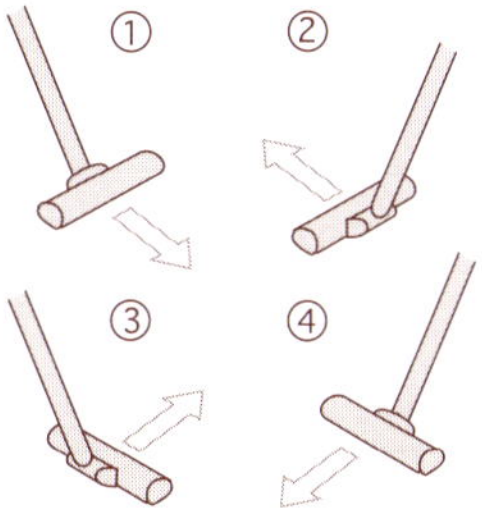

カーペットの床はいつも同じ方向に掃除機をかけていると、ゴミやホコリ、ダニが取れません。方向を変えることが大切! 今日は前方向に①、明日は逆方向から②、その次は左から③、そして右からも④。しっかりローテーションを組むことが大切です。

・ノズルのブラシの手入れも忘れずに

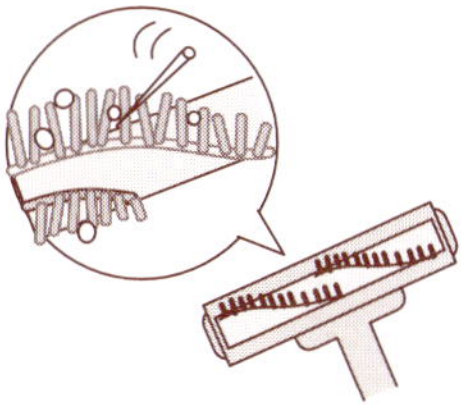

いくら頑張って掃除機をかけても、ノズルやブラシが汚れていては台なし。こまめにノズルを裏返してチェックしましょう。洗えるタイプのものは洗いましょう。

・体勢に気をつけて

掃除機本体は体の後ろにくるように。ノズルは床にピッタリつくようにしましょう。

・ゆっくりかけること

勢いよくかけたい気持ちを抑えて、ノズルをゆっくり動かすように心がけること。
少し時間はかかりますが、一匹でも多くのダニを取る気持ちで。

革ソファ

（掃除機）（雑巾）

部屋に掃除機をかけたとき

❶ 掃除機をかけます。

【汚れがひどいとき】

皮革専用クリームで拭きます。

布ソファ

（掃除機）

部屋に掃除機をかけたとき

❶ 掃除機をかけます。ノズルを使いながら隅々までかけましょう。

【汚れがひどいとき】

カバーを取り外して洗濯しましょう。

テレビを観ながらの
お掃除もいいけど
船越英一郎の
サスペンスドラマの
ときはダメよ（お願い♥）

テレビを観ながらでも掃除はできます！　目はテレビ、手は拭きたいところをキュキュ。電話で話しているときも同じです。ちょっと長くなるかなぁと思ったら、必ず私は片手に綿棒か小さな布を持ってお掃除タイム。「やらなくっちゃ」と構えるとお掃除は面倒ですが、ちょっとした時間を利用すると楽ですよ。これも時間の節約術です。

電話

(雑巾) (綿棒) (つまようじ) (住宅用洗剤)

汚れたときに

❶ 乾いた雑巾に住宅用洗剤を吹きつけて拭きます。
❷ プッシュボタンの隙間は、綿棒を水で少し湿らせて汚れを取ります。汚れがひどいときは水を住宅用洗剤に替えて。

パソコン

(パソコン専用クロス) (綿棒)

気づいたときに

❶ モニターの画面はパソコン専用のクロスで拭きます。
❷ キーボードの隙間は綿棒で汚れを取ります。

テレビ

(クロス) (綿棒) (住宅用洗剤)

週に3回

❶ かたく絞ったクロスで拭きます。
❷ リモコンのプッシュボタンの隙間は、綿棒を水で少し湿らせて汚れを取ります。汚れのひどいときは水を住宅用洗剤に替えて。

Point!
テレビの画面はホコリを寄せつけるので、忘れずに掃除しましょう。

スイッチカバー

(雑巾) (綿棒) (住居用洗剤)

汚れたときに

❶ 乾いた雑巾に住宅用洗剤を吹きつけて拭きます。
❷ スイッチの隙間は、綿棒で汚れを取ります。

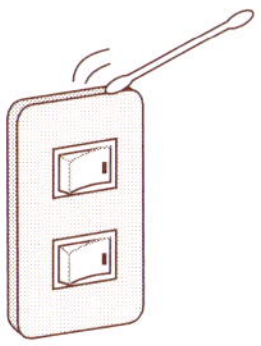

窓

(スクイージー) (雑巾) (クロス) (綿棒) (住宅用洗剤)

週に1回

❶ ガラス面に霧吹きで水を吹きかけます。
❷ スクイージーで拭きます。
❸ 古くなったクロスで拭きます。
❹ 桟は住宅用洗剤を吹きつけた雑巾で拭きます。
❺ 溝や隅、鍵は綿棒を使って汚れを拭きます。

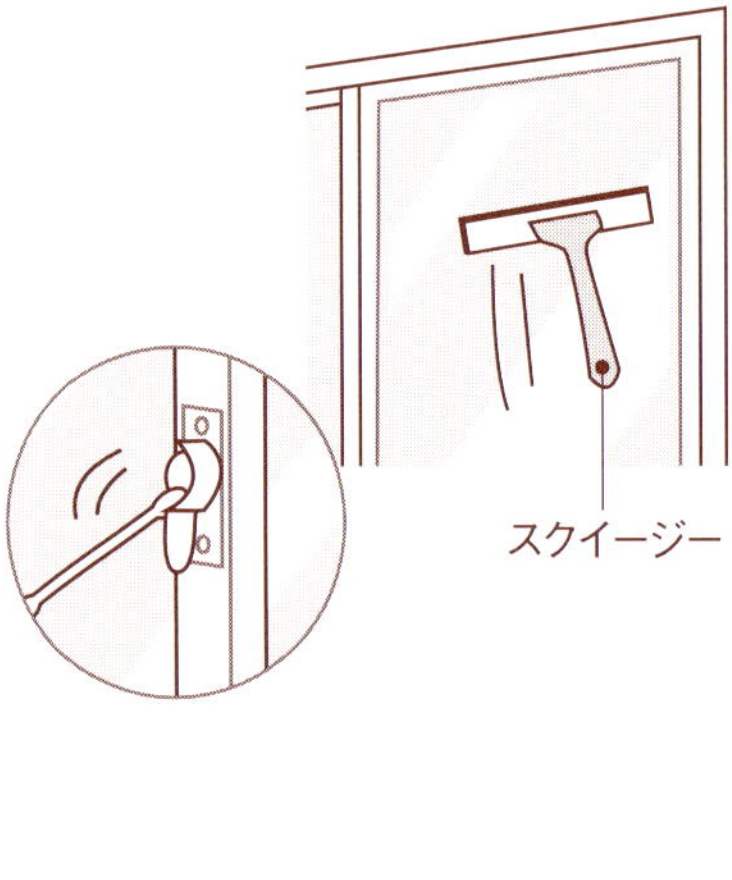

【汚れがひどいとき】

10倍くらいに薄めた酢水で拭き、その後冷水で何度も磨けばピカピカ。古くなったクロスも便利です。新聞紙で拭く方法もありますが、私は好きではありませんね。

●お掃除エクササイズ

窓拭きは最高のエクササイズ。手をなるべく高くあげて「イチ、ニ、イチ、ニ」。腕を大きく動かすと消費エネルギーが増え、腕の筋肉が鍛えられます。同時につま先立ちとかかと立ちを繰り返すと、骨盤エクササイズにもなり、転倒防止に役立ちます。

観葉植物

雑巾

2週間に1回

1. 枯れた葉を間引きます。
2. 葉の表裏をかたく絞った雑巾で1枚ずつ拭きます。

Point!

枯れた葉を放置しておくと虫がわく原因になるので、忘れずにチェックして。また、薄い酢水（25〜50倍に希釈）をスプレーすると防虫、防菌効果もあります。

葉っぱにも
汚れが積もることを
忘れないで！

植物は人の気持ちがわかるのか、気にかけて世話をしていると元気になります。観葉植物がグングン育つ部屋は気がいいらしいですよ。枯れたものをそのまま放っておくと風水では非常によくないそうです。枯れた葉は間引く習慣を！ ただし、間引く作業は、掃除機をかける前、可燃ゴミ収集日の前日に。

計画を立てずに
始めると泣くことに
なります

カーテンの洗濯は段取りが大切です。カーテンを洗っている間に、カーテンフックを洗ったり、レールや桟を掃除します。プランを立ててから始めることが大切です。

❺ 脱水後、洗濯機から取り出したカーテンにすぐさまアイロンをかけます。

❻ アイロン後、湿ったままのカーテンをすぐさま元の場所に取り付けます。

Point!

湿ったままでアイロンをあてるとシワが伸びて簡単ですし、その後ただちに取り付けると水分の重みで自然にシワが伸びます。

カーテン

(洗濯機) (雑巾) (綿棒) (台所用洗剤)

3カ月に1回

❶ カーテンは洗濯機で洗います。

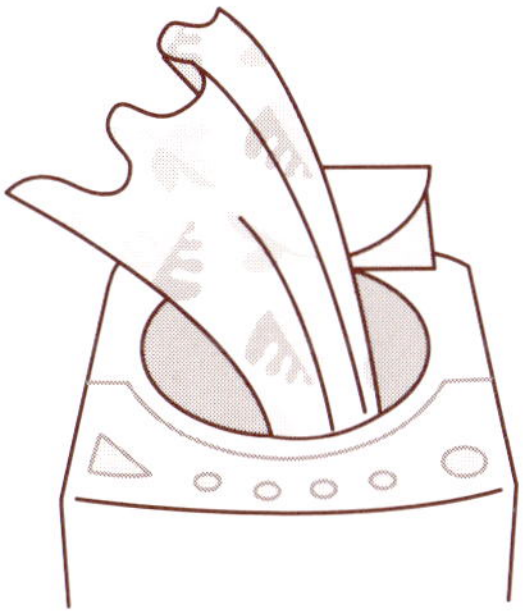

❷ カーテンフックはぬるま湯にちょっぴり台所用洗剤を入れて洗います。

❸ カーテンレールはかたく絞った雑巾で拭き、溝は湿らせた綿棒などで汚れを取ります。

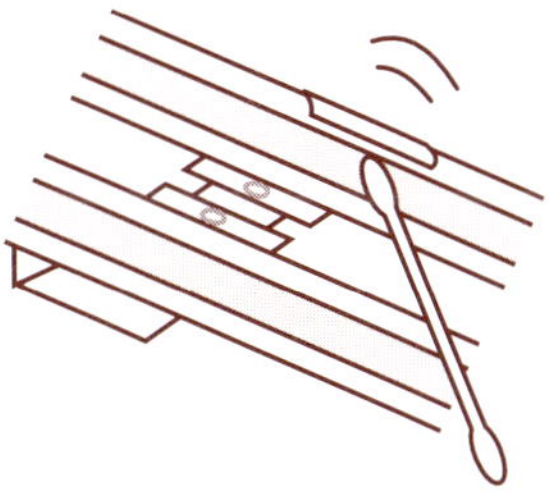

❹ カーテンから水がしたたり落ちなくなる程度に軽く脱水（約3分）にかけます。

ベランダ

(デッキブラシ) (雑巾)

晴れた日の時間のあるときに

❶ 排水口に落ち葉などが詰まっていないかチェックします。

❷ 床は水をかけながら排水口に向かって洗います。ベランダにすのこやタイルを敷いているときは全部外して、その下にもデッキブラシをかけます。

❸ 手すりはかたく絞った古い雑巾で拭きます。

Point!

住まいが集合住宅の場合は、階下の迷惑にならないように注意して。外まわりはかなり汚れています。手すりは捨ててもいいような古い雑巾で拭きましょう。

ベランダは
ボロ雑巾で拭いて、
そのままゴクロウサマ

ベランダの床にブラシをかけると、ホコリや水しぶきが飛び散ります。手すりなどは最後の仕上げに拭きましょう。

私を虜にした、韓国

わが家を見渡すと、ほとんどのものが韓国製です。カーテンに始まり、ふとん、ダイニングテーブル、ソファ、クローゼットの収納家具にいたるまで……。小さいものだと、カーテンフックや写真立て、カサ立て……etc. 数えきれないくらいあります。

今日本は空前の韓国ブーム。ところが私たち夫婦はちょっと違った韓国の楽しみ方に三年くらい前からハマっています。

その最大の理由は値段の安さ。これにつきます。実はソウルっ子も驚くような市場に私たち夫婦は出入りしているんですよ。もちろん日本の方とはまったく会わない場所です。どの市場も一軒の店の広さはせいぜい二畳から三畳。ひとつのビルの中に何千軒もの店がひしめきあって軒を並べています。

生地市場の場合、値段は確実に日本の十分の一ぐらいですね。いやそれ以下かもしれません。

　先日もカーテン市場でオーダーしたところ、びっくりしたのは、一日ででき上がったことです。日本だとオーダー・カーテンを注文すると、採寸から納品まで一カ月近くはかかりますよね。生地の種類も日本の何十倍もあって、とてもおしゃれです。値段も「目が飛び出す」の反対で、目がへこむくらいの安さでした。

　ソウルのサービス精神にも脱帽です。客が望めば、何でも短時間で、リーズナブルに作ってくれます。そのうえでき上がったものをホテルまでデリバリー。ペットボトル一本でも持ってきてくれます。

　ただひとつ困ることは、私たちが出入りしている市場では、日本語も英語もまったく通じないことです。「HOW　MUCH?」ですらダメです。それでも私たち夫婦がメチャクチャ楽しめるのは、心強い助っ人のお陰です。

　出会いはソウルの空港でした。主人と私の休みがめずらしく合ったので、突然何の計画もなしに、何の期待もないまま、初めてソウルに出かけたときのことです。

空港から模範タクシーとやらに乗ったところ（ソウル市内には二種類のタクシーがあって、模範タクシーがいいらしいと聞いたので）、この運転手さんが運命の人になってしまいました。日本語が達者、親日家、そのうえなんと夫のファンだったのです。まるで赤ん坊のような私たちには天の助け。空港に着いて二時間後、初めてのソウルであるにもかかわらず、私たちはコンテナひとつ分もの家具をオーダーしていたのですから……。

その出会いから三年、どれだけソウルに出かけたことか。これも彼のお陰です。この素敵な出会いがあったのも日ごろの掃除のお陰。やはり幸せが舞い込んできたわけです。

今も時間があると私たち夫婦はソウルに通いつめています。からっぽのスーツケースを抱え、帰りは

赤帽さんの気分。

今ではハングル語もしっかり勉強しています。いつの日かソウルに住みたいと考えているので、その準備です。日本ではD級ランクの女優ですが、韓国でA級女優になってやるのだ！　私の新たな挑戦です。

Kitchen【キッチン】

きれい。でも毎日フル回転で活躍中です！

台所に神様がいることを知っていますか？

その真偽はわかりませんが、私の母の話によると、どうも台所には神様が住んでいて、掃除を怠けて散らかしているとその家の女性が病気になってしまうらしいです。幼いころから耳にタコができるぐらいこの話を聞かされていた私は、いまだに「台所には神様がいる」と信じているのですから「三つ子の魂百まで」の威力はすごいです。

台所は家の中でいちばん悪臭を放つ、もっとも散らかりやすい場所です。

掃除の醍醐味はどんなテクニックを使ってキレイにしていくかというプロセスです。その点からも台所はやりがいがあるじゃないですか。悪条件を乗り越えてうんと楽しんで掃除をしていきましょう。

私が理想とする台所は「本当にこの台所で料理をしているの？」と首をかしげたくなるようなビューティフル・キッチン。

ところがです。わが家の台所は早朝より主人と息子のお弁当づくりでフル回転。朝から魚をさばき、揚げ物の油が飛び散り、蒸し器はシューシュー音を立てています。

でも汚れたままの台所は許せないので、「すぐさま片付けること」を基本にしています（神様に怒られちゃうしね）。汚れた食器はすみやかに洗い、ついでに排水口も洗い、仕上げに蛇口を乾いたタオルで磨きます。換気扇も実にやりがいがあります。すべて分解して、ネジのひとつまで掃除しています。

自分の首を締めないように「すぐさま片付けること」を習慣にすることがもっとも大切でしょう。

そして、働き者の手に愛情を！　がんばって掃除して家がキレイでも、手が荒れていると悲しすぎます。私はどこでもすぐにハンドクリームがつけられるように、台所はもちろんのこと、トイレ、洗濯機のそば、車の中、バッグの中、いろんなところに備えています。

なんてったって私は元・手のモデルでしたから。

シンク

(スポンジ) (歯ブラシ) (タオル)

毎日

❶ シンクの内側はスポンジで洗います。

❷ 蛇口のまわりは歯ブラシとスポンジを使って洗います。

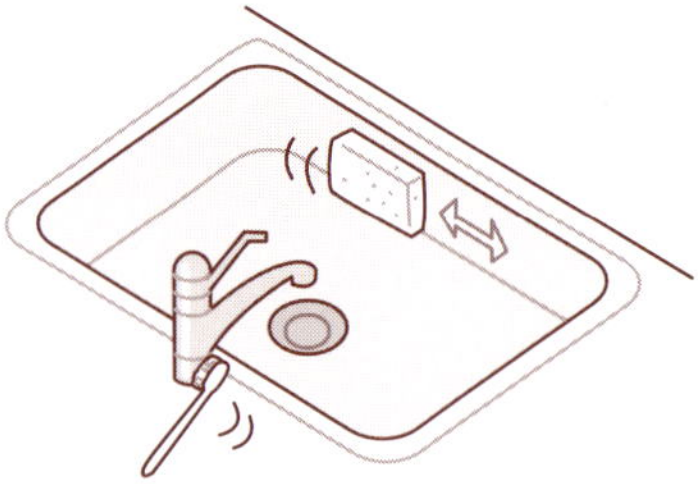

Point!

麺類を茹でたら、茹で汁でシンクを洗うと、ピカピカになります。また、こびりついた汚れがあるときには、生ゴミを再利用して。大根やジャガイモの皮等に少量の研磨剤をつけてこすると汚れが落ちます。

❸ 乾いたタオルで水気を拭き取ります。

Point!

最後に乾いたタオルで拭くことを習慣にすれば、蛇口まわりはいつもピカピカ。新品同様です！

【汚れがひどいとき】

シンクがステンレスの場合、サビを落とすには、クレンザーに酢をたらしてこするときれいになります。

出かけた先の旅館やホテルでもらった歯ブラシなら掃除にも惜し気なく使えます。ブラシの大きさが最高です！　レストランのおしぼりなども、使わなくてもそのままいただいて、家の掃除にどんどん活用しています。

排水口

(マツイ棒) (スポンジ) (歯ブラシ)

毎日

❶ ゴミ受けを取り外し、歯ブラシを使って洗います。

❷ 排水口の中は手製のマツイ棒と歯ブラシ、スポンジで洗います。

Point!

かなり汚れてしまった排水口でも、マツイ棒でヌメリを取りながら水で洗うと、洗剤を使わなくても見違えるほどきれいになります。洗ったあとは酢水（洗いおけに対して25ccが目安）につけておくと殺菌効果バツグン！

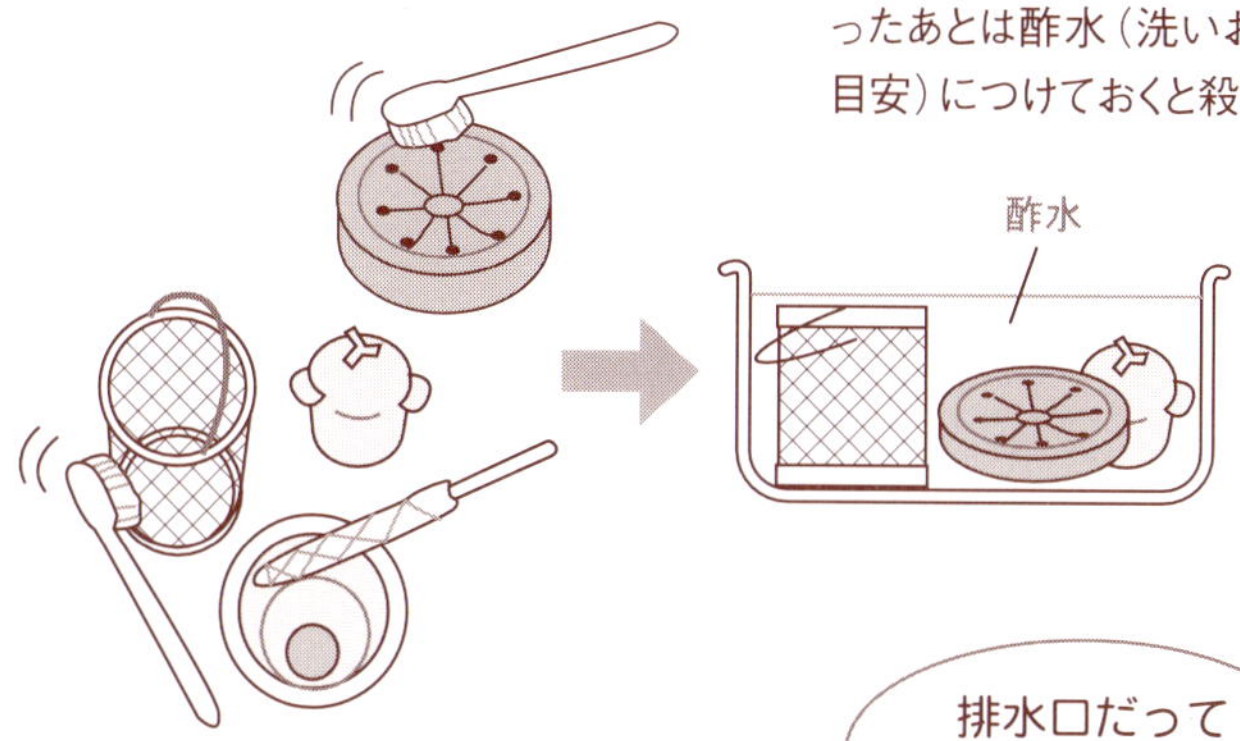
酢水

排水口だって
洗剤は必要ナシよ！

排水口は、数日間手入れをしないとすぐにヌメリが出てきます。でも、台所で食器を洗ったあとに必ず排水口も洗っていればいつもピカピカ。わが家では、食器を洗うときと同じスポンジで排水口まで洗います。いつもきれいなので、スポンジを分ける必要なんてありません。節約術のひとつです。

まな板

（スポンジ）（台所用洗剤）

毎日

❶ 食器を洗ったついでにまな板もスポンジでゴシゴシ。

Point!

ニオイの強いものを調理したときは、お酢で拭くとニオイがしみ込みません。お寿司屋さんを思い浮かべて!

【汚れがひどいとき】

お酢と塩をまな板にかけて、その上にガーゼをかぶせてそのまま1時間ぐらいおきます。

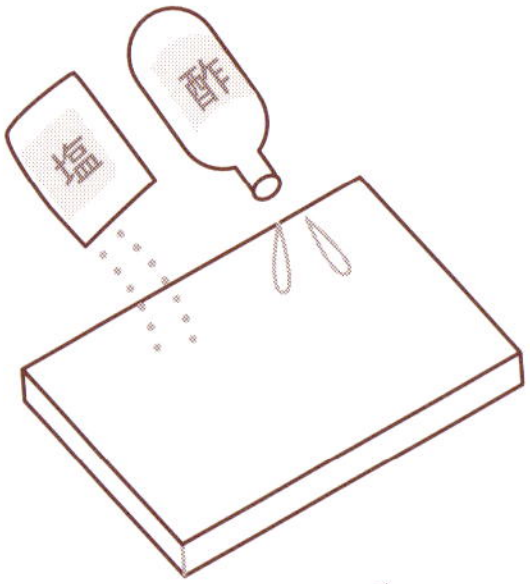

スポンジ

（お酢）（塩）

毎日

❶ 1日の作業が終わったら、ぬるま湯に少量のお酢と天然塩を加えてつけおきします。

スポンジも汚れるとバイ菌の棲みか。少しでもスポンジを汚さないために、油汚れのお皿などはティッシュなどでサッと拭いてから洗いましょう。私は調理に使ったバナナの皮やジャガイモの皮で、油汚れのお皿をサッとひと拭き。再利用術です。

暮らしのなかの省ゴミ術！

ゴミは作らない、増やさない！

いつでもゴミが捨てられるマンションはいいけれど、そうでない場合、
次のゴミ収集日までどうやってゴミを保管するかは頭の痛い問題です。
だから、わが家ではなるべくゴミを出さないというのが基本。
工夫して省ゴミを心がけています。

・野菜の食べられない部分はスーパーで処分

野菜の種類によっては、どうしても食べられない部分があります（漬物にもできないようなところ）。これが意外に大きな生ゴミになります。たいていのスーパーはレジに野菜切りのナイフを備えているので、お願いしてその場でカットしてもらいます。

・食べる分しか作らない

お料理は人数分きっちりの分量で。余分にできると結局は捨てることになり、ゴミを増やしてしまいます。お味噌汁も毎回お椀で計って作っています。

・リサイクルに積極参加

ペットボトルに食品トレイ、牛乳パック、空き缶など、スーパーで収集している資源ゴミはまめに持参します。収集BOXに置いてくれば、自宅のゴミは減りますよね。

・ゴミ収集日の前日が勝負

ゴミ収集日の前夜は燃えるときです！　観葉植物や庭木のお手入れ、書類やダイレクトメールの処分はゴミ収集日の前日に行います。どちらもけっこうカサが増えるものです。こうすれば、ゴミを長時間家の中に保管せずにすみます。

・過剰包装は避けて

百貨店などで買い物をするときは、できるだけ包装を遠慮するようにしています。シールですむものは貼ってもらうだけ。包装を開ける時間、その手間、そして最終的に捨ててしまう包装紙……。もったいないです。

ポット

雑巾　お酢

汚れたときに

❶ 外側はかたく絞った雑巾で拭きます。
❷ ポットの中に水を八分目ほど入れ、小さじ1杯程度のお酢を入れて沸かします。

❸ 中の水を捨てて、軽く水洗いします。

炊飯ジャー

雑巾　綿棒

汚れたときに

❶ 外側はかたく絞った雑巾で拭きます。
❷ 内側はお釜の縁、フタの蝶番《ちょうつがい》などにノリが溜まりやすいので、綿棒で拭き取るようにします。

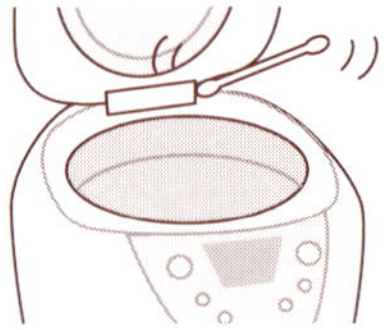

電子レンジ

雑巾　綿棒

汚れたときに

❶ 外側はかたく絞った雑巾で拭きます。
❷ 内側もかたく絞った雑巾で拭きます。凹凸のある場所やドアの蝶番などは綿棒を使って拭きます。

Point!

使うたびに拭く習慣をつければ、いつまでも新品同様です。

すっきり収納術！

スペースを有効に活用！

世の中で値段の高いものと言えば土地代、家賃が思い浮かびます。
その場所に、いらないものが入っていたら超もったいない！
収納上手は捨てる勇気から始まることを忘れずに。

・フリースペースを活用

台所には大きなものから小さなもの、贈答品から保存食、ありとあらゆるものがドンドン集まってきます。それらをどのように収納するか？　これは大きな問題です。そこで私は台所の一角にフリースペースを作っています。中の仕切りはなし、つっぱり棒でカフェカーテンを取り付けることで、大きさがバラバラでもかなりの量の台所用品が収納できます。

・ひと目ですべてが見えること

私の収納のモットーは引き出しの中身が一目瞭然になっていること。ギュウギュウに詰め込んであると欲しいものがなかなか見つからず、もう一度買ってきてしまった経験はありませんか？　そんな無駄を生じさせないためにも、所有しているすべてのものが見えるように収納する工夫が大切です。

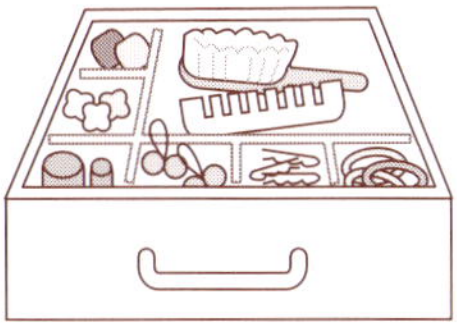

・持ち物をいたずらに増やさない

どんどん物を増やすだけでは、どんなに大きな家でも、いつかはいっぱいになります。そこで、自分の所有物のマックスを決めることが大切です。例えば、くつ下は○○足、Tシャツは○○枚、これを1枚でも超えたら捨てるということを基本にすれば、いつも一定量を保つことができます。

・たたみ上手は収納上手

洋服や下着のたたみ方によっても収納数はかなり違ってきます。入れる場所とにらめっこしながら、どのたたみ方が最適なのかを見つけ出すことも収納上手になる基本です。

汚れを見つけたら
すぐに拭く。
これがいちばん！

汚れがこびりついてしまうと取るのが大変です。汚れたらその都度拭き取ることを習慣にしておけば、苦労することなく汚れを取り除け、時間の節約になります。とくに魚焼きグリルは、焼いたあと、すぐ洗っていればいつまでも新品同様です。

Point!

台所にはスポンジを2つ用意して使い分けると便利です。1つは油汚れのひどいときに、もうひとつは普段に使います。

【汚れがひどいとき】

油などがこびりついて取れないときは、シンクに湯を張り、少し強めの住宅用洗剤を入れ、五徳などを一晩つけておきます。

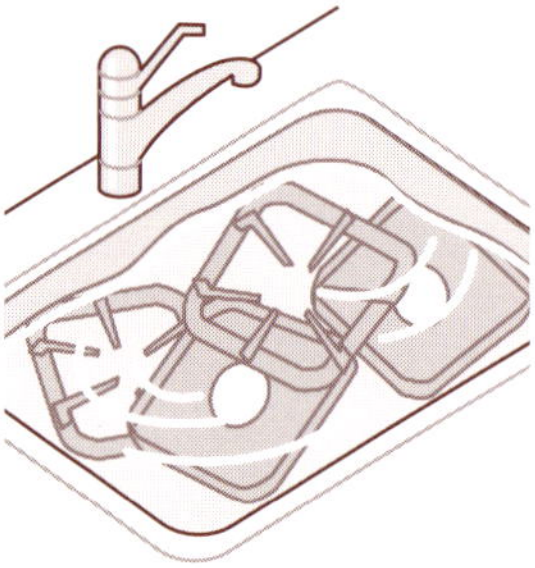

ガスレンジ

(雑巾) (スポンジ) (キッチンペーパー) (つまようじ) (台所用洗剤)

週に1回

❶ 五徳とバーナーを外し、スポンジに台所用洗剤をつけて洗います。

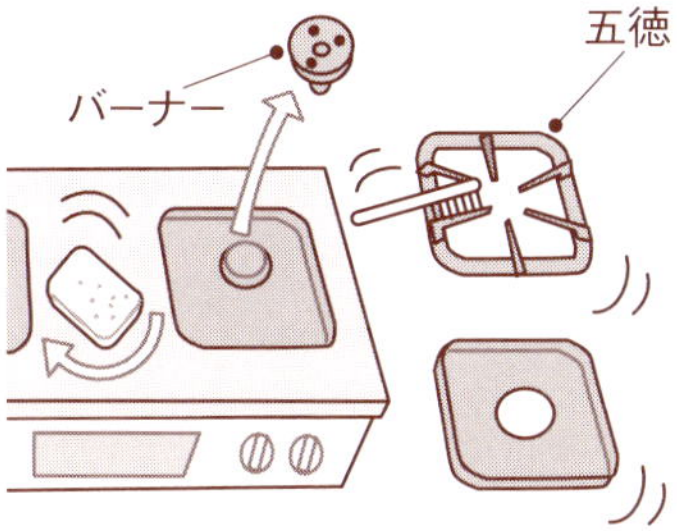

❷ ガスレンジ本体は、かたく絞ったスポンジに台所用洗剤を数滴たらし、円を描くようにして汚れを取り除いていきます。

❸ 仕上げに乾いた雑巾で拭き取っていきます。

❹ ビルトインタイプのレンジの縁はつまようじで汚れをかき出すようにして取り除きましょう。

【魚焼きグリルの掃除】

❶ 受け皿にぬるま湯を張り、台所用洗剤を数滴たらし、そのまま放置します。

❷ 汚れるのでスポンジは使わず、キッチンペーパーで洗います。

❸ 仕上げにスポンジでもう一度洗います。

Point!

網にお酢を歯ブラシでつけておくと、魚の皮が網につかずにきれいに焼くことができ、掃除も簡単。

レンジフードも換気扇も汚れがこびりついてしまったらさぁ大変。自分がかわいいのならまめなお掃除を。プロペラ式のものも掃除の方法はドラム式と同様です。

【汚れがひどいとき】

❶ 湯を張ったシンクに台所用洗剤を少し多めにたらし、カバー、羽、フィルター等を1時間ほどつけ、油を浮かせます。

❷ その間にフードの表面を、かたく絞った雑巾に台所用洗剤をなじませて拭きます。

❸ 仕上げに雑巾で水拭きします。

❹ ①で汚れを浮かせたものを、歯ブラシとスポンジで洗います。

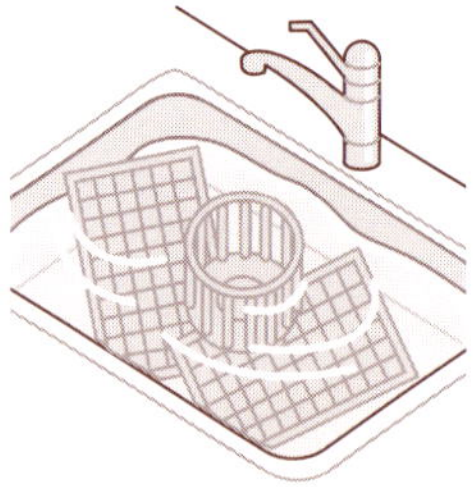

❺ 取り外せない部分は住宅用洗剤を含ませたティッシュで覆い、しばらくおいて汚れを浮かせます。かたく絞った雑巾で拭き、最後に乾いた雑巾で拭きます。

注意! モーターの部分には洗剤や水がかからないようにしてください。

レンジフード

雑巾　綿棒　歯ブラシ　台所用洗剤

週に1回

❶ フードの表面は乾いたボロ雑巾に台所用洗剤を数滴たらし、よくなじませてから拭きます。

❷ スイッチのまわりなど、細かいところは綿棒で拭きます。

Point!

ドラム式の換気扇の場合は、2カ月に1回くらいの割合で、ドラムのネジ等を外して分解し、中まで歯ブラシを使って汚れを落とします。

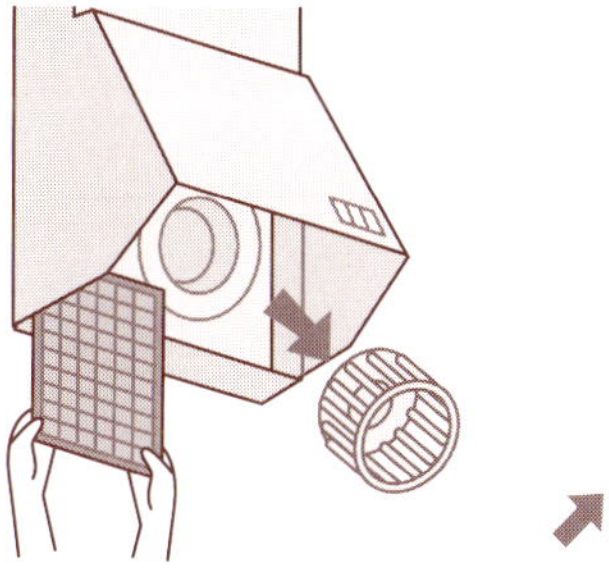

超 オススメ商品

「オーガニック洗剤 スピカココ(台所用)」
問:株式会社スピカコーポレーション
☎0120-17-5572

ココナッツからできた台所用洗剤です。手に優しい洗剤なので、台所だけでなく浴室や洗面所でも活躍しています。

冷蔵庫

(雑巾) (マツイ棒) (布またはガーゼ) (お酢) (エタノール)

冷蔵庫がいっぱいになる前に

❶ 1段ずつ中のものを出して、きれいな布やガーゼにお酢をつけて拭きます。

Point!

お酢にもエタノールにも、殺菌、防腐、防カビの効果があるので、どちらを使って掃除してもいいでしょう。また、拭かずに1段ずつ棚を外して洗ってもOK。その場合も、水気を取ってからお酢かエタノールを塗っておきましょう。

❷ 冷蔵庫の上はかたく絞った雑巾で拭きます。冷蔵庫の下、床との間にたまった綿ボコリはマツイ棒で拭きます。

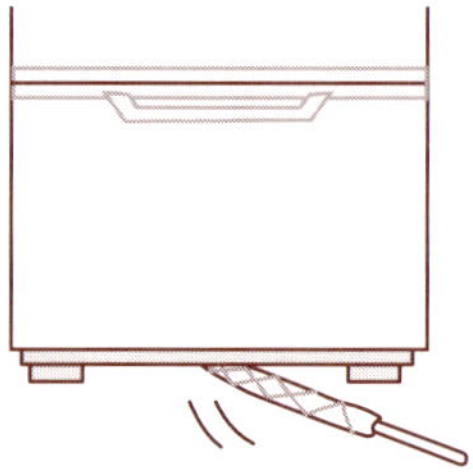

Point!

月に1回くらいは冷蔵庫の中のものの整理も兼ねて、全部出して掃除しましょう。

計画を持たずに始めると泣くことになります

冷蔵庫の掃除は一気にやろうと思うととても大変。今日は下の段、明日はこの段、今週はここまでというように自分のなかでスケジュールを立てて、買い物に行く前、つまり冷蔵庫にものが少ないときに掃除すると楽ですよ。もちろん、汚れに気がついたらその場で拭くというのも忘れずに！

食器棚

雑巾　綿棒

3カ月に1回

❶ 1段ずつ中のものを出して、かたく絞った雑巾で棚板を拭きます。

❷ 扉の表側を雑巾で拭きます。扉の隅や取っ手などの拭きにくいところは綿棒を使います。

Point!

棚でも引き出しでも、ひとつずつ終わらせていくのが効率的。大掃除気分で食器をいっぺんに表に出すと、しまうときにどこに入れてあったのかわからなくなって大変な思いをすることになります。全部できそうと思っても、あえて「無理をしない」を心がけて。

「ちょっと汚れているかな？」というときに、パッと掃除ができるように、わが家はいろんなところにお掃除セットが置いてあります。ちょっと拭きたいけど道具は隣の部屋……なんていうと、ついおっくうになって「また今度」になっちゃいます。台所だけでなく、リビング、洗面所、トイレなどでも取り出しやすい場所に道具を置いておけば、時間の節約にもなります。

お酢の活用術！

さまざまな場面で大活躍！

お酢には活用方法がたくさんあって、絶対手放せない必需品です。
わが家では用途に合わせてお酢を使い分けています。

【お掃除編】

・底が細くなっているグラスは、卵の殻を細かくつぶして少量のお酢と水を入れ、グラスの 口をふさいでシェイクするときれいになります。

・やかんの湯アカ落としには、やかんいっぱいの塩水に少量のお酢を加え、そのまま一晩放置するときれいになります。

・窓は酢水で拭き、その後水で何度か拭きます。仕上げに乾拭きするとピカピカになります。

・たたみは酢水で拭くと美しく保つことができます。

・洗濯機に水をいっぱい張り、その中にコップ1杯のお酢を加えて回すと、洗濯槽がピカピカになります。

・観葉植物の手入れは、薄い酢水を葉に吹きつけると、防虫、防菌効果になります。

【料理編】

・魚を焼くとき、網にお酢をつけておくと、魚の皮が網につかないので上手に焼けます。

・ゴボウやナスは、しばらく酢水につけておくとアクがとれます。

・カリフラワーは、ゆでるときに少しお酢を混ぜるときれいな色にゆで上がります。

【生活編】

・切り花に少しお酢をたらしておくと、花が長持ちします。

・水虫になり始めたころは、洗面器にぬるま湯を入れ、お酢をたらした中に足をつけるといいですよ。

食生活は命がけ！

生涯の食事の回数を数えてみたことがありますか？　たとえば私が八十歳まで生きるとします。現在四十七歳ですから残されている年数は三十三年。一日三回の食事は一年で（三百六十五日×三回）一千九十五回。その回数に三十三年をかけると三万六千百三十五。つまり私に残された食事の回数はなんと三万六千百三十五回になります。

食事の大切さを考えず、ただ空腹を満たすためだけにバクバク食べていたら体はどうなるでしょう？　きっと悲鳴をあげますよね。一回一回の食事に命がかかっているつもりで一日三度の食事を大切にしたいです。

私は掃除もさることながら、食事に対しても絶対妥協はしません。その理由はただひとつ、元気で長生きしたいからです。どんなにおなかが空いていても自分が納得しないと口には運びません。どんな野菜を使ったのだろう？　出汁《だし》をどうやってとったのだろう？　塩をどれくらい入れたのだろう？　と考えると、自分の手で料理するのがいちばん。もちろん家族のためにも手は抜けません。

息子を連れて再婚したのは今から三年前の二〇〇一年六月でした。息子と私をドーンと引き受けてくれたのは、みなさんご存じの俳優の船越英一郎。結婚当時、夫は四十一歳初婚でした。

それまでの夫の食生活を少しお話しすると、すべてが外食、朝はコンビニ、昼は油べっとりの揚げ物がぎっしりロケ弁、それらをまるで飲むようにほんの数分で胃袋へ。そのうえお酒は浴びるようにグイグイ。こんな食生活ですから体がバテるのは当然です。いつも体調不良でしたね。

生意気ですが、結婚は夫に正しい食事の大切さを知ってもらうことから始まりました。食育から結婚生活はスタートしたわけです。俳優という職業は体力との勝負でもあります。連日撮影に明け暮れる夫のお弁当作りが始まりました。

毎日作り続けて三年が過ぎた先日のことです。彼の口から「僕の体からなんだか毒が落ちたような気がする」と言ってくれたのです。その言葉を裏付けるように、この三年で夫は本当に健康になってくれました。過酷なスケジュールの中でも倒れることなく、一層キレのよい演技を見せてくれています。結婚する前は誰よりも早くカゼをひいていたのに、それすらひかなくなり、あらためて食事の大切さに夫婦で感動している毎日です。

息子のほうは今まさに食べ盛りの中学三年生。「おかあさん、おなかが減った。ごはんなに？」私は一日中息子のこの問いかけにつつかれているような生活です。ときどき夢にまで出てくるくらいですから。

世の中には料理をすると台所が汚れるからもっぱら外食ですませる人もいますが、使ったらすぐに掃除することを基本にしておけば、女性にとって台所はパラダイス！　とっても居心地のよい場所です。家族の健康を見守ってくれる台所に感謝しながらせっせとお掃除しましょうね。

【ないしょ話 その❸】

主人がレギュラーで出演している日本テレビの「ぐるぐるナインティナイン・ゴチになります！5」は、負けると全員の食事代をキャッシュで支払う番組です。皆さん信じていらっしゃいませんが本当に本当に自腹です。この仕事のときは主人も私も神経がすり減る思いです。主人の所属プロダクションは一切支払いません。すべて主人払いですからね……。

ただいま！
ママのお弁当いつもおいしいよ
それほどでも…
でもほめられるとはりきる私
ブタもおだてりゃ木に登る
翌朝
オハヨ
お弁当できてるわよ
食べきれないよ
やりすぎた

行ってらっしゃーい

Bed Room【寝室】

明日へのエネルギーを生み出す場所

私たちは人生の三分の一は眠っています。同じ寝るんだったら、心と体が安らぎ、少しでも多くのエネルギーを補充できるような眠りをゲットしないともったいないです。

ところが、世の中不眠で悩んでいる人のなんと多いこと。健康でいるためにはもちろん食事は大事ですが、「眠り」も同じくらい大事です。そのためにはやはり努力して、素晴らしい眠りを得る必要があります。

私の特技のひとつは〝眠りにつく早さ〟です。毎晩ベッドに入ったら「あぁ……眠るのがいちばん！」と眠れる幸せに感謝する間もなくグーグー眠っています。

もちろん快眠を得るためには、私流のいくつかのこだわりを持っています。

まず掃除の行き届いた寝室です。散らかって汚れている部屋で寝ていると、寝ている間に体の中に悪い気が入り込み運が落ちます。

そして、ベッドリネンは自分の好きな物を選ぶことです。私のお気に入りは白いコットン。寝ている間にかなりの汗をかいているので、湿ったふとんやシーツからは天使の眠りを得られません。そこで毎日ふとん乾燥機を愛用しています。

リネンの洗濯は曜日を決めて週に二回、ふとんは二〜三カ月に一回ぐらいは洗っています。

「ふとんを洗っちゃうの？」と驚く人も多いと思いますが、洗濯不可能な表示は無視してジャブジャブ洗っています。洗濯機には入らないので、浴槽で足踏み洗濯です。

以前テレビの番組で、アトピーのお子さんがいる家でふとんを洗いましたが、乾いたふとんのあまりの気持ちよさにそのお子さんはふとんから離れませんでしたよ。

一度このフワフワ感を味わったらもうダメ。ちょっと力のいる作業ですが、やめられません。

洗い方については詳しくご紹介します。ぜひ試してみてくださいね。きっと虜になりますよ。

❻ 浴槽にぬるま湯がたまったら、ふとんを入れて足で踏みながらすすいでいきます。

❼ 十分にすすぐために⑤⑥を3回くらい繰り返します。

❽ すすぎ終わったふとんを洗い場で絞り、少しでも多くの水分を出します。

❾ 水分を含んだふとんは重いので、そのままハンガーラックを使って浴室で干すと便利です。ベランダで干すときは、室内に水が落ちないように気をつけて運びましょう。

❿ 乾く目安は、ほぼ1日です。

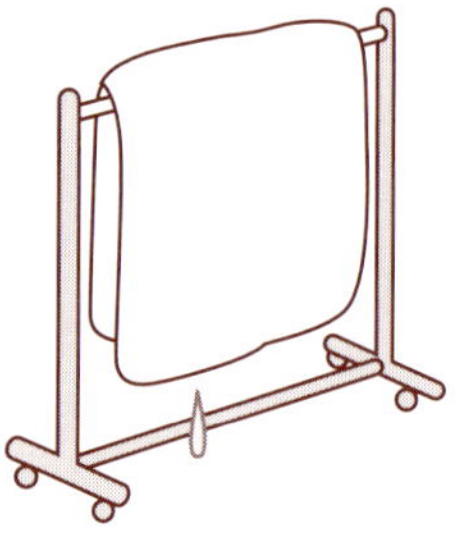

注意！ ふとんの種類によっては24時間で乾かない場合があります。

Point!

わが家はベッドなので掛けふとんをこの方法で洗っています。洗うときには洗剤選びに注意して！ モコモコ泡が立つものは大変なことになってしまいますよ。

注意！ 洗剤の量は浴槽の大きさによって異なります。使用する洗剤の説明をよく読んでから実行してください。

ふとんもキレイ、
シェイプアップもできる。
一挙両得ね！

ふとん洗いは大変な作業ですが、言葉では表現できないほどのあの心地よさはたまりません。なるべく湿気の少ない日を選べば乾くのも早いです。ぜひチャレンジしてください。

ふとん洗い

(掃除機) (洗濯用洗剤)

2カ月～3カ月に1回

❶ 浴槽に4分の1から3分の1のぬるま湯を張り、その中に洗濯用洗剤を入れます。

❷ ふとんをその中に浸し、足で2～3分軽く踏んで、そのまま30分～1時間つけおきします。

❸ 足で踏みながら洗っていきます。30分くらいは頑張って踏みましょう。だんだんお湯が汚れて濁ってきます（洗い終了）。

❹ 浴槽から洗い場にふとんを取り出し、浴槽の汚れたお湯は抜きます。

❺ ふとんは洗い場でシャワーをかけながらすすいでいきます。その間に浴槽に再びぬるま湯を張っていきます。

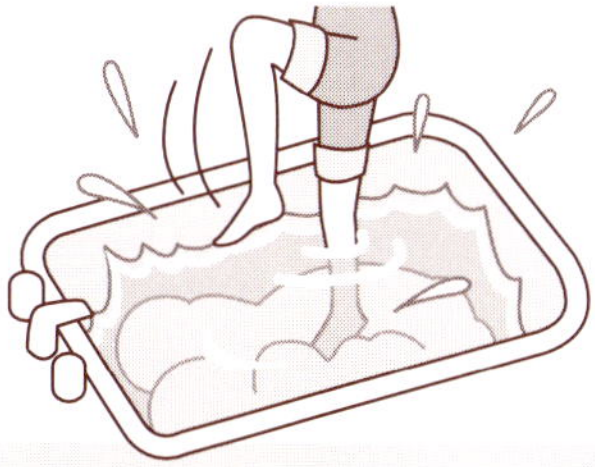

●お掃除エクササイズ

日常の動作では、膝を高く上げる動作が少ないので、このチャンスを生かし、おなかに力を入れて膝を直角に振り上げ「イチ、ニ、イチ、ニ」と元気よくふとんを踏んでいきましょう。足踏みは脂肪燃焼に効果的な運動です。膝を高く上げることで運動量も増え、太ももの筋肉の衰えが防げます。つまずきや転倒防止に効果大。腹筋運動にもなります。

超 オススメ商品

「オーガニック洗剤 スピカココ（洗濯用）」
問：株式会社スピカコーポレーション
☎0120-17-5572

ココナッツからできた洗濯洗剤です。泡立ちが少ないのですすぎが楽で水が節約できます。残留洗剤による刺激が少なく、添加物も入っていないので、肌の敏感な方や弱い方にも最適です。わが家では長年愛用している一品。

ベッド

掃除機　雑巾

部屋に掃除機をかけるとき

❶ 寝室に掃除機をかけるときに、ベッドにも掃除機をかける習慣をつけましょう。ふとんがダニの棲みかにならないように。

❷ ふとんを外し、ベッドマットに掃除機をかけます。

❸ ベッドのヘッド部分は雑巾で拭きます。布製などの拭けない素材は掃除機をかけます。

Point!

1週間に1回はベッドを動かして、床に掃除機をかけましょう。

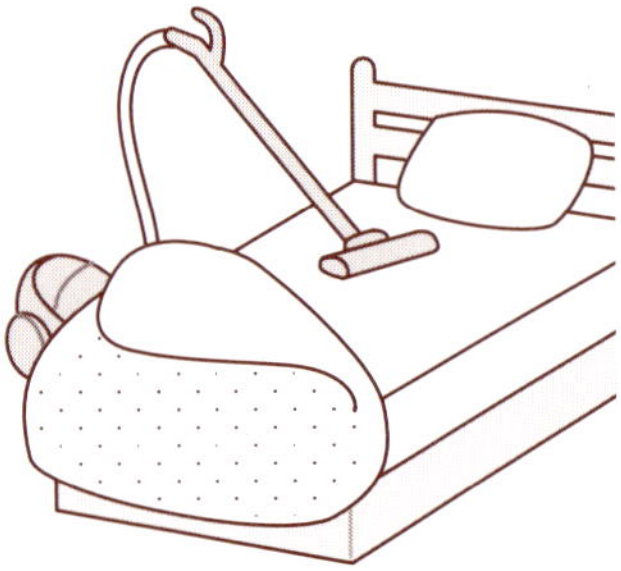

ふとん

掃除機

部屋に掃除機をかけるとき

❶ 寝室に掃除機をかけるときに、ふとんにも掃除機をかける習慣をつけましょう。ふとんがダニの棲みかにならないように。

Point!

ふとんはまめに干したり、ふとん乾燥機を使って寝汗による湿気を取りましょう。干すときに黒い布をふとんにかけておくと、熱がたくさん集まってきて、ふとんの中の温度が上がり、ダニ退治に一層効果があります。ただし、干したあとは必ず掃除機をかけることが大切です（ダニの死骸を残さないためです）。

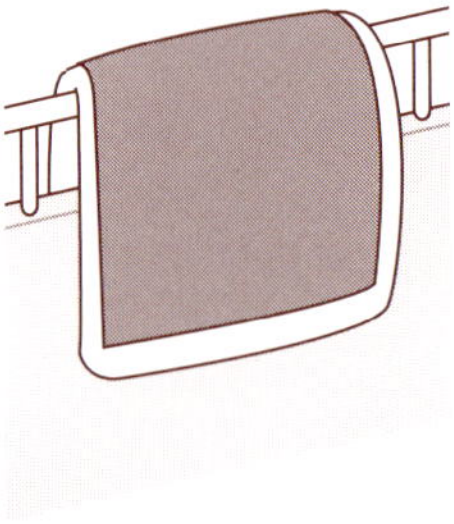

家具

(雑巾) (やわらかい布)

週に2回〜3回

❶ 乾いた雑巾をほんの少し湿らせて拭きます。
❷ 取っ手の金具部分は、やわらかい乾いた布で拭きます。

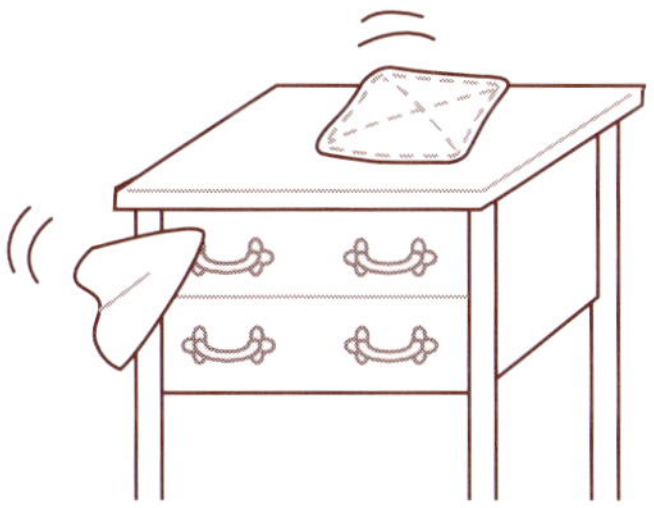

【汚れがひどいとき】
かなり薄めた住宅用洗剤を雑巾に含ませて拭きます。

エアコン

(掃除機) (雑巾) (マツイ棒) (歯ブラシ) (住宅用洗剤)

月に1回

❶ 外側、内部のホコリを掃除機で吸います。
❷ 住宅用洗剤を吹きつけた雑巾で拭きます。奥まったところや隅はマツイ棒で拭きます。
❸ フィルターは外して、歯ブラシを使って水洗いしましょう。

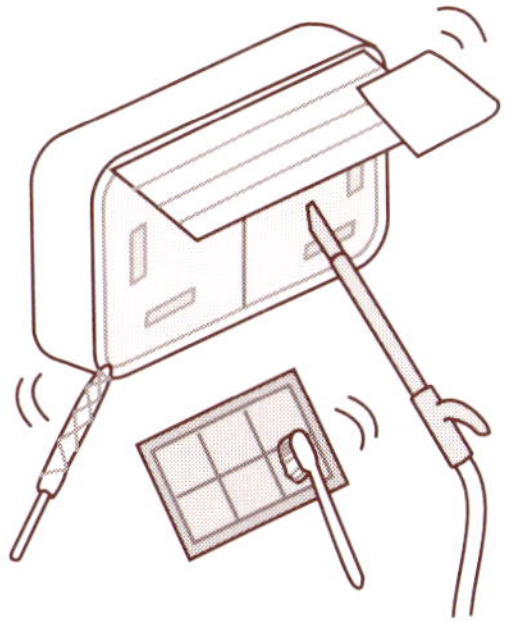

【汚れがひどいとき】
フィルターを水洗いするときに、台所用洗剤を数滴たらして洗いましょう。

たたみ

（掃除機）（雑巾）（お酢）

週に2回～3回

❶ たたみの目に沿って掃除機をかけます。
❷ きれいな雑巾を酢水（水5対酢1の割合）につけて、かたく絞って拭きます。
❸ 風通しをよくして、たたみの湿気を乾かします。

Point!

お酢には抗菌、漂白効果があるので、酢水で拭くとたたみを美しく保つことができます。

【汚れがひどいとき】
薄めた住宅用洗剤で拭いたあと、酢水で上から拭いておくとたたみの黄ばみを防げます。

●お掃除エクササイズ
フローリングと同様、たたみ拭きでもエクササイズ！　膝をつかず、しゃがんだ状態で雑巾を押さえます。腕に体重をかけながら、「イチ、ニ、イチ、ニ」とテンポよく、雑巾で左右に大きく拭きながら前進します。全身運動によって筋肉の動きの連動がよくなり、神経の伝達もよくなる効果があります。胸筋が鍛えられ、バストアップにもつながります。

襖《ふすま》

(雑巾) (綿棒)

たたみの拭き掃除をしたときに

❶ 襖の周囲の木の部分と取っ手はかたく絞った雑巾で拭きます。

❷ 敷居も雑巾で拭きます。隅の拭きにくいところは綿棒で拭きます。

Point!

襖のすべりが悪くなってきたら、敷居にロウを塗っておくとすべりがよくなります。

障子

(軍手または靴下) (綿棒)

汚れたときに

❶ 軍手や古くなった靴下を手にはめ、指で桟を拭きます。

❷ 隅の拭きにくいところは綿棒で汚れを取ります。

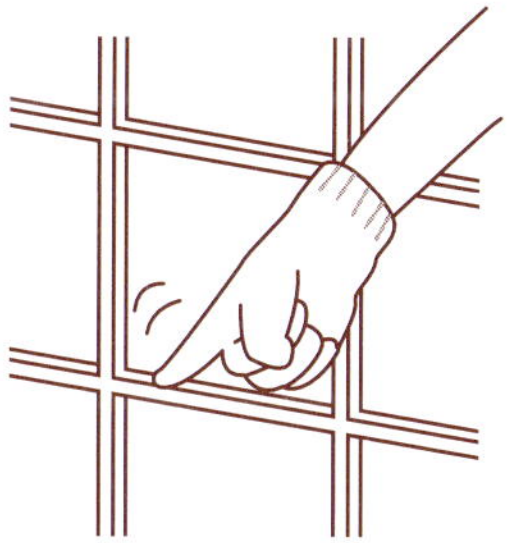

Point!

ブラインドも同じように軍手や古くなった靴下等で掃除すると便利です。汚れがひどいときは軍手を軽く湿らせて拭きます。

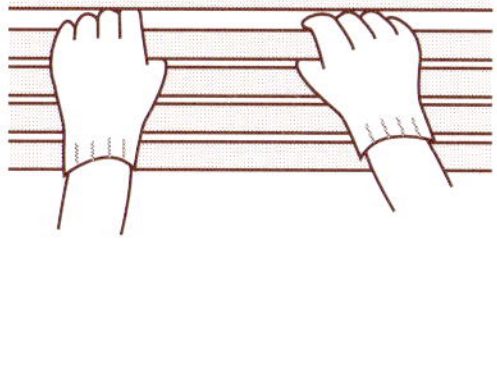

押し入れ

(掃除機) (雑巾)

4〜6カ月に1回

❶ 中のものを出し、掃除機をかけます。
❷ かたく絞った雑巾で拭きます。
❸ よく乾かしてから元に戻します。

押し入れの中は、湿気がたまるとカビの温床になります。一年に二回ぐらいは思い切ってお天気のいい日にお掃除しましょう。新聞紙やすのこを敷いて湿気を防ぐ工夫を! 収納するものの上から、使わなくなったシーツなどをかけておくとホコリを防げるので便利です。

人生を勝ち取るための〝快眠〟

「悩みごと」があると眠れないといいますが、悩みが多いときほどよい睡眠をゲットしないといけません。

その理由は「悩みごと」を解決していくためには体力と知恵が必要だからです。

眠りが浅いとパワーは激減、頭の回転は悪くなり、何よりも睡眠不足の疲れから人相が悪くなってしまいます。幸せをつかむには、顔の相はキーポイントですよ。

私の人生は三年前に船越と再婚するまで、とにかく闘いの連続でした。息子のアトピー性皮膚炎、私の顔面麻痺、泥仕合の離婚劇、別れた前夫の借金問題、自宅競売事件、欠陥住宅問題。まさに試練を抱えていないときはなかったです。

もちろん最初のころは悩み、苦しみ、悲しみ、当然眠れませんでした。睡眠不足から被害妄想に苦しんだこともありました。

しかしある日のことです。鏡に映った自分の疲れきった顔を見て、ゾッとしたのです。「この顔では闘いに勝てない!」と自分でも愕然としました。

では疲れた顔をよくするためにはどうすればいいのか? 答えは簡単。快眠あるのみです。

そこで私は眠りについて追求していきました。

まず、枕は何がいいの? その結果十三年くらい前になりますが、ふとん屋さんでマイ・ピローを作ってもらいました。

そして、パジャマは何がいいの? さまざまなパジャマを手にした末、たどりついたのはカイタックのパジャマです。作っている方に何度もお話を聞き、快眠を求めるその姿勢に感動しました。いちばんすごい点はウエストのゴムです。ポリウレタンで作られているソフトゴムは絞めつけがなく体に超フィットします。愛用して十年ぐらいになりますが、手放せない一品です。

入浴する時間も大切。私の場合ベッドに入る一時間前の入浴がベストです。温まった体が落ち着いて、眠りモードに入りやすいからです。

香りや照明も大切です。そして何よりも大切なことは、体に暗示をかけることです。「ベッドに入ったらすぐさま眠るんだよ」と全細胞にすり込むように言い聞かせることです。これが浸透してくると、脳は考えたい、悩みたいと思っていても、体は暗示に素直に反応して眠くなってきます。訓練したといえば少々大げさですが、それを繰り返しているうちに、私は悩みごとがあっても爆睡できるようになったのです。そのお陰ですべての試練を乗り越え、私は息子を抱えて生きてこられました。三年前の再婚を境に、私のすべての闘いは終止符を打ったのです。

そして、神様がくださった最高のプレゼント、それは夫の船越英一郎でした。ところが夫は不眠症。今度は私が歩んできた快眠への道を夫が歩むこと

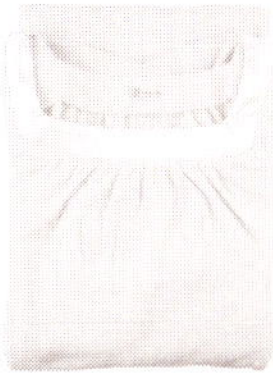

愛用しているカイタックのパジャマ
問：株式会社カイタックファミリー
☎0120-086-277

になったのです。そして三年が過ぎた今、夫も見事に爆睡を手に入れたのです。

【ないしょ話 その❹】

私のサイズは160センチ、50キロ。主人は大きい人で181センチ、78キロ。私達の体格差は歴然としています。ところが朝起きてみると、キングサイズのベッドの83%を占領しているのは小さな私。大きな主人は残りの17%の狭いところで時には落ちそうになりながら眠っている毎夜です。

Bath Room【バスルーム】

カビとの勝負はいつも私の勝ち！

浴室はちょっと気をゆるめるとカビが大喜びする場所。繁殖したくてたまらないカビをシャット・アウトするには「換気」と「掃除」。これに尽きます。

しかし浴室の掃除は、靴下は脱がないといけない、袖はめくらないといけない、でもどんなに気をつけても濡れてしまいます。なかにはちょっと奇妙な形をした掃除用ブーツを履く人もいますが、あの大きなブーツの収納を考えると、人ごとながら頭が痛くなります。

いちばんいいのは、何といっても入浴のついでに裸で掃除すること。時間を節約、水を節約、お湯を抜きながらその流れに合わせてスポンジを動かせば力もいらないし、洗剤はほんの少しでOK！

排水口も掃除のたびに洗う習慣をつければいつもピカピカです。でも、それを面倒がるとカビは大喜び。自分で自分の首を絞めないように注意しましょう。

仕上げに余分な水滴を取り除くことも大切です。浴室をいち早く乾燥させることがカビを寄せつけない第一歩。体を拭いたタオルでついでに拭けば大丈夫。蛇口もいつまでも新品同様の輝き。

それでもカビが発生したら、今度は浴槽が乾いているときに、お酢とコットンを使ってカビ退治。

お酢を含ませたコットンをカビに被せてそのまま放置。入浴するころには信じられないくらいきれいになります。

刺激の強い洗剤を手にマスクをしながらお掃除する人がいますが、浴室はとくに体にやさしいお掃除を心がけましょう。赤ちゃんからお年寄りまで全員が裸で入る場所なのですから。

では、楽で安全なお風呂掃除を始めましょう。

追伸：お風呂のお湯を洗濯に使う人もいますが、私は洗濯機に洗剤を使わない（一〇二ページ参照）ので、お湯の再利用はしていません。洗剤の分の経費は節約できていますから、お湯は心おきなく流しています。

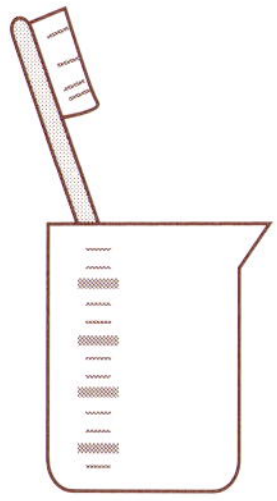

浴槽

スポンジ　浴室用洗剤

入浴のたびに

❶ 最後に入浴した人が、お湯を抜きながらその流れに合わせて浴室用洗剤を含ませたスポンジを動かして洗っていくと、水の節約になります。
❷ お湯で洗い流します。

超 オススメ商品

「おまかせクリン 洗面台用」
問:三共理化学株式会社
☎048-786-3676
研磨材の会社が作っているスポンジです。いろんな種類が発売されていますが、その中でもこのスポンジはわが家の必需品です。浴槽のタイルについた水道水の不純物によるシミ、便器の水アカ取りに愛用しています。

注意! タイルはデリケートなので、使う前に必ず目立たない場所で試すようにしてください。

【汚れがひどいとき】
入浴後、お湯を足して浴槽ギリギリまで満たします。その中に少し多めのお酢(コップ1杯くらいが目安)を入れて、椅子、排水口のふたとカバー、洗面器、石鹸箱、etc.を入れて1時間くらい放置します。落ちないところは歯ブラシを使うといいでしょう。

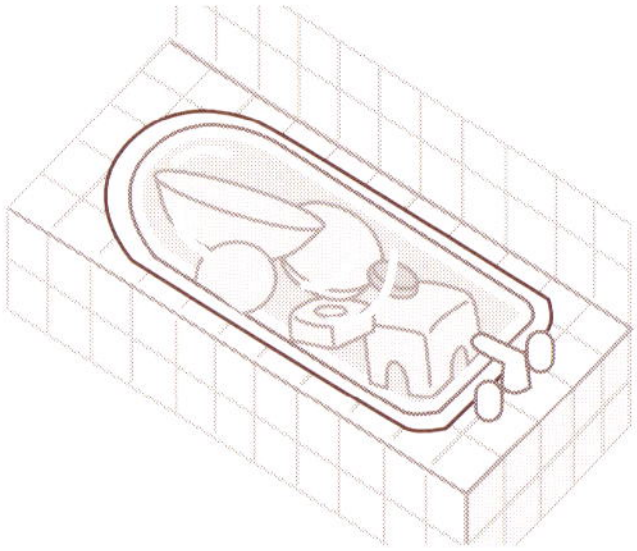

【タイルにシミができたとき】
タイルの場合、水道水に含まれる不純物などの影響で水シミができる場合があります。その場合左に紹介したスポンジを使えば落とせます。あまり力を入れすぎないように注意しましょう。

床と壁

スポンジ　歯ブラシ　浴室用洗剤

入浴のたびに

❶ スポンジに浴室用洗剤を含ませて洗います。タイルの目地は歯ブラシを使って洗います。

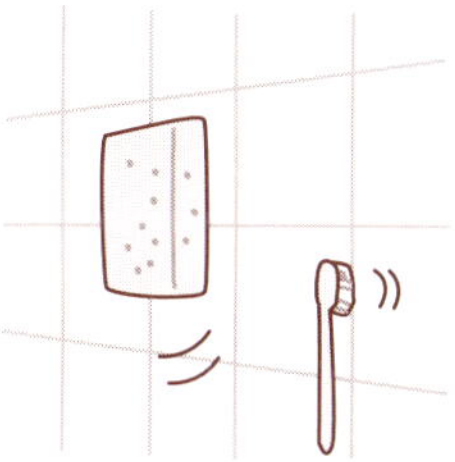

❷ シャワーで冷水をかけます。湿気が少しでもこもらないように、お湯は使いません。

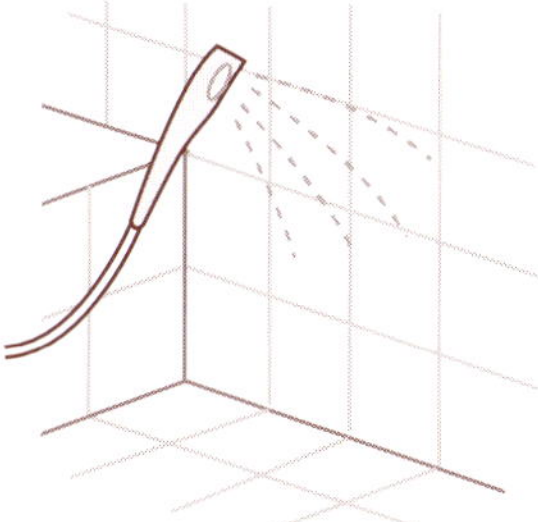

Point!

カビが生えやすい条件がそろっている場所です。掃除が終わったら水滴をなるべく拭き取ることを習慣にするといいでしょう。

【汚れがひどいとき】

浴室が乾いているときに、コットンにお酢を含ませてしばらく放置します。それでも落ちないときは、お酢を住宅用洗剤に替えてやってみましょう。1枚のコットンを、5枚くらいに薄くはがして使うほうが経済的です。

Point!

カビ落としには、歯ブラシにお酢をつけてこすればキレイになり、殺菌効果でカビの菌も減ります。乾いたときに目地に歯ブラシでお酢を塗っておくとカビ防止になり、掃除が楽です!

蛇口まわり

（スポンジ）（歯ブラシ）（タオル）

入浴のたびに

❶ スポンジと歯ブラシを使って洗います。

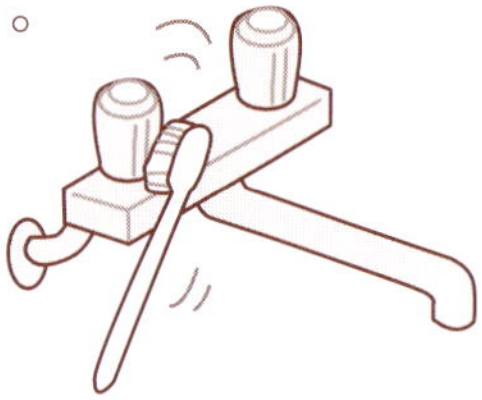

❷ シャワーで水をかけ、乾いたタオルで拭きます。

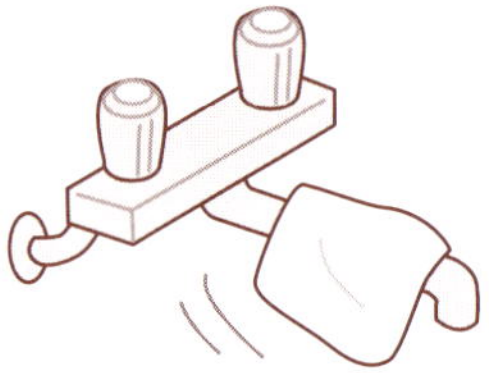

排水口

（マツイ棒）（歯ブラシ）

入浴のたびに

❶ 排水口のふたにたまった髪の毛などはティッシュペーパーで取り除きます。

❷ 排水口のふたとカバーは歯ブラシを使って洗います。ふたの溝など、歯ブラシの届きにくいところはマツイ棒で洗います。

❸ カバーを外し、マツイ棒で配水管の中まで洗います。

蛇口がピカピカだと、
新品みたいでしょ!?

蛇口まわりがピカピカしていると、ほかのところが多少汚れていても掃除が行き届いているように見えるから不思議。お手入れのコツは、洗ったあとすぐに水滴を拭き取ること。

ドアレール

(マツイ棒) (歯ブラシ)

週に2回〜3回

❶ 歯ブラシを使って洗います。
❷ ドアのレールや縁などは、マツイ棒を使って拭きます。
❸ シャワーを使うと水がはねますから、コップのようなものに入れた水をゆっくりと流してすすぎましょう。

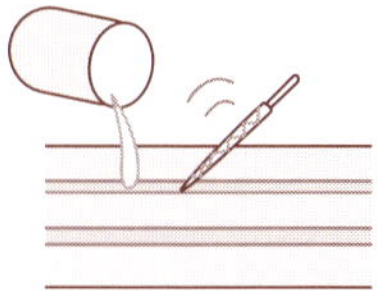

シャワーノズル

(スポンジ) (歯ブラシ) (タオル)

週に1回

❶ スポンジでこすって洗います。水やお湯の出てくる部分は歯ブラシで。
❷ ホースの部分は、スポンジや歯ブラシで洗います。
❸ 仕上げに乾いたタオルで拭きます。

天井

(マツイ棒) (スポンジ) (タオル) (浴室用洗剤)

汚れたときに

❶ スポンジに浴室用洗剤をつけてゴシゴシ。四隅はマツイ棒を使うと便利です。
❷ シャワーで冷水をかけます。
❸ 乾いたタオルで水滴を拭き取ります。

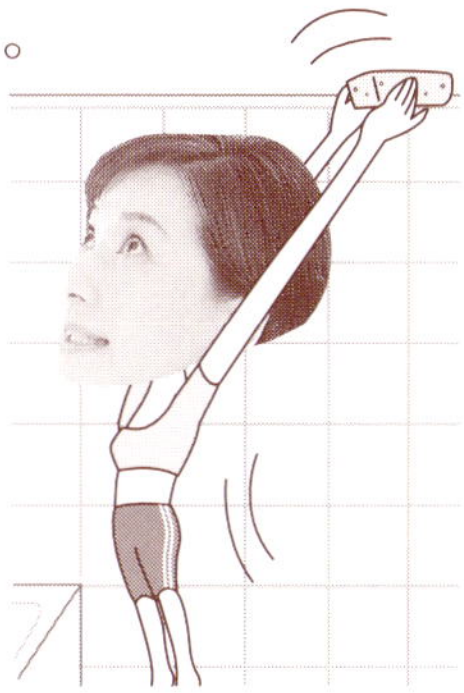

●お掃除エクササイズ
スポンジを持った両腕が耳の後ろまでくるように前後に動かします。

Point!

素材によってはスポンジでこすらないほうがよいものもあります。お掃除の方法はよく確認してから。

注意！　手が届かないときは、柄のついたスポンジを使ってください。

浴室のカビ対策術！

あと始末とお手入れで快適に！

浴室は湿気、適温、人のアカと皮脂など、カビにとって繁殖するのに
最高の条件が整っている場所です。
カビを寄せつけない工夫を。

- 換気をこまめにします。
- 排水口の毛やゴミは、こまめに取り除きます。
- なるべく早く入浴タイムが終了するように、家族はすみやかに続けて入浴しましょう。
- 入浴後や掃除後は、なるべく水滴を取り除きます。
- 掃除をする際には、湿気がこもらないように水を使います。
- 浴室の目地に、歯ブラシでお酢をつけてこすると殺菌効果できれいになります。
- 浴室が乾いたときに、歯ブラシでお酢を塗っておくとカビ防止になります。
- 浴室の床に置くものは最小限にとどめます。
- 家を建てる際には、浴室の位置をなるべく陽があたる方角に配置するといいですね。
- 汚れのひどいときは、コットンにお酢を含ませて、カビの上にかぶせてしばらく放置します。

お風呂は夫婦のコミュニケーションの場所

最近は浴槽に浸からないで、もっぱらシャワーだけですませてしまう人が多いようですが、わが家は家族全員が浴槽派。

体の汚れを落とすのはもちろんのこと、心に宿ったストレスまで流せる絶好のチャンスをフルに活用しない手はないでしょう。

お湯は少しぬるめのほうがいいですね。ジワジワと体を温めてゆっくり毛穴を開かせる。これが大切です。毛穴が開けば汚れも体の外に出ていき、ストレスもやわらいできます。ここからが一日の癒しの時間の始まりです。

私たち夫婦は時間が許す限り、一緒にお風呂に入っています。二人で話すことが大好きな私たちですが、悲しいことに昼間は別々の場所で仕事をしています。それだけにまさに浴室は最高の談話室です。

家を建てるときその点を考慮して設計しました。贅沢なことですが、限られた広さの土地で二人がゆっくりと入れる浴室のスペースを確保することがいちばん大切でした。ときには音楽をかけたり、ロウソクの明かりだけで入浴したり、素敵な時間にするためにあれこれと努力をしています。

中でも入浴剤は私たちの楽しみのひとつです。自分たちへのご褒美のつもりで選んでいます。お風呂に入れるだけではもったいないので、香りのあるものは芳香剤として楽しんだあとに入浴剤として使っています。

また、わが家の浴室は真っ白なタイル貼りです。いくら掃除していても目地の部分はどうしても気になります。浴槽に浸かっているといつもと違った目線で汚れのチェックができるチャンス。浴室には当然掃除用歯ブラシがおいてあるので、体は浴槽に浸かりながら手はタイルの目地をゴシゴシとこすっています。趣味が掃除ですからしかたがないですね。

これが習慣になっている私は別に家の掃除だけが気になるわけではありません。家の外でもついお掃除の虫が騒ぎ始めます。

私たち夫婦の楽しみはスケジュールとにらめっこしながら旅に出ることです。たとえ一泊でも寸暇を惜しんで出かけています。

いつもホテルや旅館の情報にアンテナを張り巡らし、「今度はこのホテル、次はこの旅館」と楽しんでいます。

ところが掃除マニアの私はどこに行っても掃除が気になってしかたありません。いろんなところに行きましたが、拍手をしたくなるような掃除術にはなかなか巡り合えませんね。

「こんなきれいな浴室なんだから、もっときれいにしたらいいのに……。お風呂が泣いている」と思ったらもう止まらない。

片手に歯ブラシを持ってゴシゴシ磨いている私がいるのです。あぁ……悲しいサガ。

旅先のホテルで
ステキな部屋ね
広いしベッドも大きい！
お風呂もきれい…
ン？カビ？
大変！掃除しなきゃ
ゴシゴシ
これで安心して寝られる
夜が明けちゃった

［ないしょ話 その❺］

とにかく主人は値切りの名人。私は本当にいい相棒をゲットしました。旅館やホテルを予約する際、天才的に値段の交渉が上手。ただし国内のみ。夫は英語が喋れないので……。

サスペンスの撮影で全国各地の旅館を訪ねる主人は、撮影の合間、寸暇を惜しんで「今度、家族でお邪魔したらおいくらぐらいでしょうか……」。あの笑顔と腰の低さでマロヤカな交渉の始まりです。

その手柄を喜んで報告してくる主人のかわいいこと。大蔵省の私は誉めちぎります。

次のお客様
ま、きれい

Toilet【トイレ】
Wash Room【洗面所】

ピカピカ・トイレで病気とオサラバ!

昔からトイレが汚れていると、その家の女性が婦人病にかかる、またお産をするときはトイレ掃除をすると安産になるともいいますよね。

どうやらトイレの汚れと女性の健康には深いつながりがあるようです。

明るく清潔なトイレを保つためには、やはり掃除しかありませんが、トイレに関してもまめにチェックをする習慣をつけることが大切でしょう。

そしてチェックしたトイレをすみやかに掃除するためには、掃除道具の置き場所が重要なポイントになります。

すべての部屋にいえることですが、掃除道具の置き場所は、大げさかもしれませんが、掃除マニアになるかもしくは掃除嫌いになるかの大きな分かれ道。

離れた場所に置いてあると誰でも取りに行くだけで面倒です。つい「後で……」と先送りにしていたら、突然来客があって、「キャー!　トイレが汚れてた」と慌てた経験は誰にもあると思います。

そんなことがないように、掃除グッズをトイレの中に収納しておくことをお勧めします。目の前に掃除グッズがあれば、汚した人が掃除をすることもできます。

トイレ掃除はマツイ棒、歯ブラシ、つまようじが必需品です。私はトイレ掃除のとき、洗剤はほとんど使いません。なくてもきれいになるものです。

便器の中の水アカに困っている方も多いと思いますが、ご心配なく。すぐれものを紹介します。

消臭対策も大事です。風水から見てもトイレは気がたまりやすい場所です。がんばってお掃除してさわやかトイレを保ちましょう。婦人病ともオサラバです！

便器

(雑巾) (マツイ棒) (スポンジ) (歯ブラシ) (つまようじ)

毎日

❶ 電動式になっている便器はまず電源を切ります。

❷ 便座をかたく絞った雑巾で拭きます。便座の上面と下面のジョイント部分(a)も忘れずに。つまようじにトイレットペーパーを巻きつけて差し込むようにして拭きます。

❸ 便座を開けて隅々まで拭きます。便座とふたがつながっている部分(b)も忘れないように。

❹ シャワーノズルの周辺(c)はかなり汚れているので、歯ブラシを差し込んで磨きます。ノズル(d)は引っ張り出すようにしてトイレットペーパーで拭きます。

❺ 温風が出てくるところ(e)は湿った綿棒を差し込んで拭きます。

❻ 便器の中はトイレ用のマツイ棒で奥までゴシゴシ磨きます。

❼ 便器の内側の見えにくい部分(f)は歯ブラシとマツイ棒を入れて磨きます。

❽ スポンジに住宅用洗剤をほんの少したらし、便器の内側全体を洗います。

❾ 便器の側面も汚れているものです。雑巾で拭きましょう。

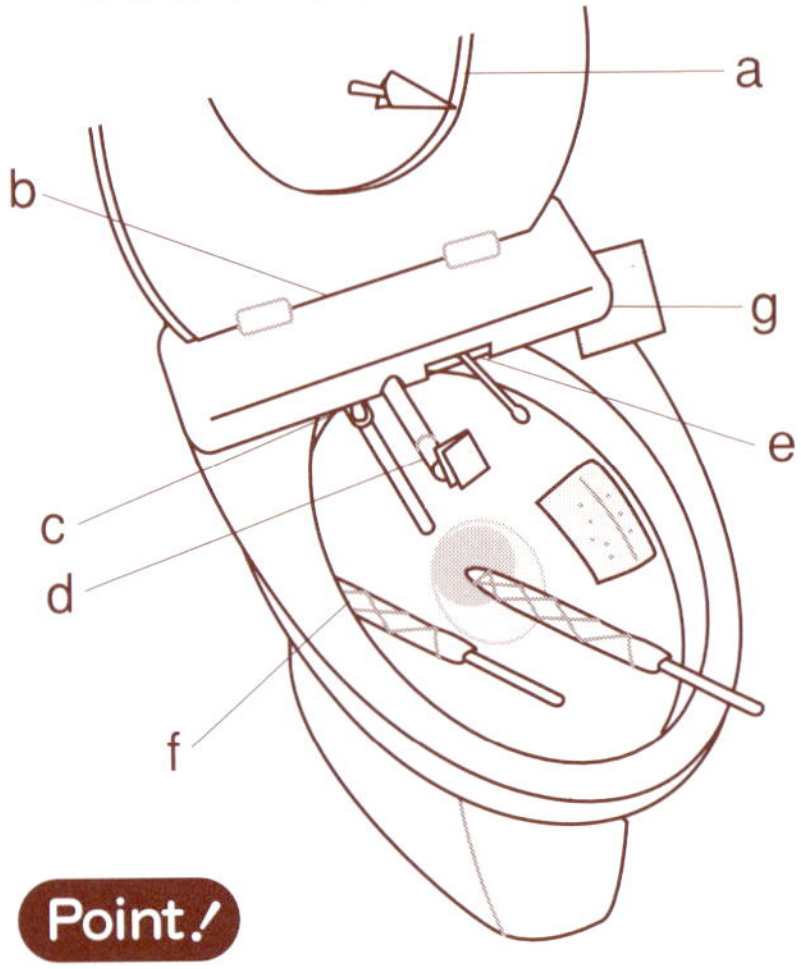

Point!

便器と温水洗浄便座との境目(g)は、少し硬い紙を差し込むようにして汚れを取ると便利です。

【汚れがひどいとき】

便器の中の水アカの汚れが落ちなくて困っている人は多いと思います。「おまかせクリン」(P86ページ参照)でこするときれいになりますよ。

床

(雑巾) (つまようじ)

毎日

❶ かたく絞った雑巾で拭きます。
❷ 便器と床の境目はかなり汚れているものです。つまようじにトイレットペーパーを巻きつけて拭きましょう。

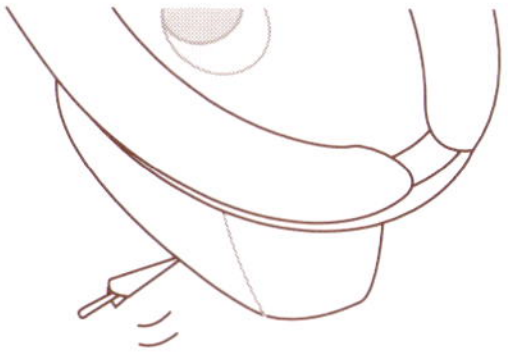

スリッパ

(雑巾) (洗濯用洗剤)

汚れたときに

❶ スリッパの裏はかなり汚れています。かたく絞った雑巾で拭きます。
❷ 洗えるものは洗濯用洗剤で洗いましょう。

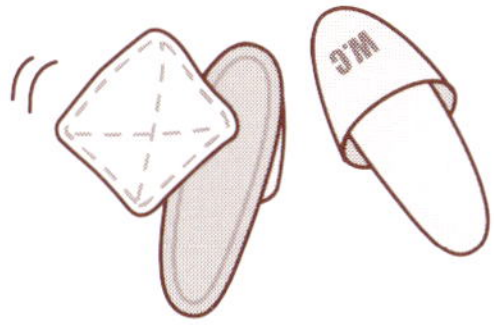

タンク

(雑巾) (研磨スポンジ)

毎日

❶ タンクのふたの部分は専用のスポンジで洗い、乾いた雑巾で水気を拭き取ります。

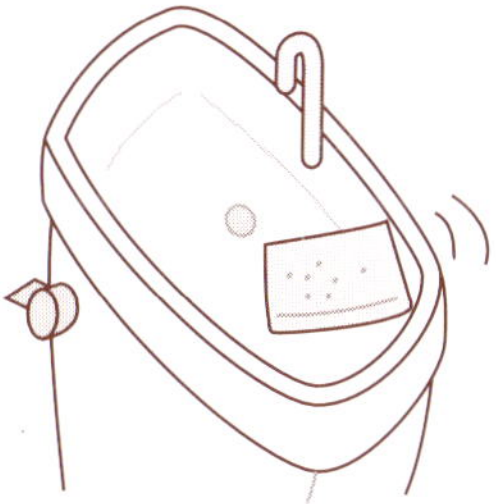

❷ タンクの外側はかたく絞った雑巾で拭きます。

照明

雑巾　住宅用洗剤

気づいたときに

❶ 乾いた雑巾に住宅用洗剤を2押しほど吹きつけて拭きます。

タオル掛けや照明などは、何気なく使っていてもその存在を忘れがち。照明はホコリを呼びやすく、知らないうちに汚れているものです。ときどきチェックして汚れていたらお掃除を。いつも快適な空間にしておきましょう。

タオル掛け

雑巾　綿棒　住宅用洗剤

気づいたときに

❶ 素材がプラスチックの場合は、乾いた雑巾に住宅用洗剤を2押しほど吹きつけて拭きます。金属製の場合は、乾いた雑巾で拭きます。

❷ 金具の細かい部分などは綿棒を使って拭きます。

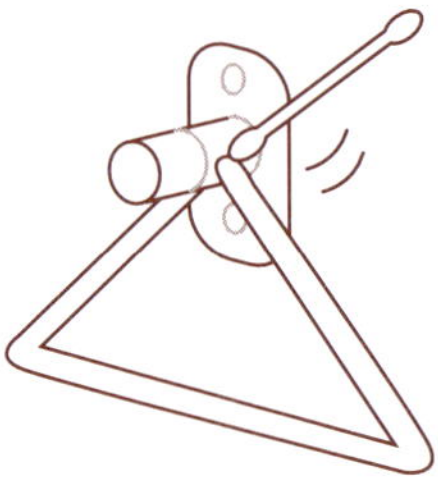

洗面所・シンク

雑巾　スポンジ　クロス　歯ブラシ　浴室用洗剤

毎日

❶ 蛇口まわりは歯ブラシで洗います。水アカのたまりやすい部分なので注意してください。
❷ 排水口・排水用の穴は歯ブラシで洗います。
❸ 歯ブラシ立てや石鹸箱はスポンジや歯ブラシを使って洗います。
❹ 蛇口とシンクの中はスポンジに浴室用洗剤をつけて洗います。
❺ 鏡はクロスで拭きます。
❻ 蛇口と水道栓は仕上げにタオルで拭きます。

【汚れがひどいとき】
汚れがこびりついているとスポンジだけでは難しいです。そんなときは「おまかせクリン」（P86ページ参照）を試してみてください。

手を拭くついでに
シンクも拭いて！

洗面所は、掃除というよりもこまめにチェックすることが大切です。使用後、石鹸水などをキレイに流すことを習慣にしましょう。水気を取ることも大切です。わが家は、"これが家のルールになっているので、夫も息子も使ったら手を拭くように洗面所も拭いています。

キャビネット

(雑巾) (住宅用洗剤)

気づいたときに

❶ ラックの中の化粧品等は1段ずつ取り出して乾いた雑巾に住宅用洗剤を吹きつけて拭きます。

❷ 化粧品を片付ける前に1ビンずつ、ビンの底や側面を拭いて片付けること。

❸ 照明はほんの少し湿らせた雑巾で拭きます。拭くときは電源を切ってください。

❹ 洗面台の下は収納してあるものを外に出し、かたく絞った雑巾で拭きます。

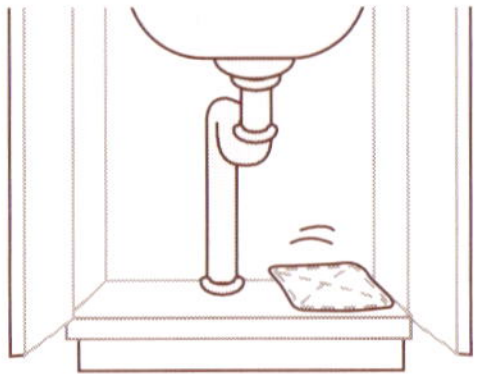

超 オススメ商品

「ランドリー・リング」
問:株式会社ガイアワークス
☎0120-75-0801
本来の洗濯の常識を破った超すぐれもの。リングの中に入っている組織水が水道水と共鳴することによって電子分解され、その水が繊維の奥まで入り込み汚れを浮き立たせます。つまりこれを入れれば洗剤なしで洗濯ができることになります。洗濯槽の中もピカピカですよ。私は二年愛用していますが、生涯絶対手放せません。

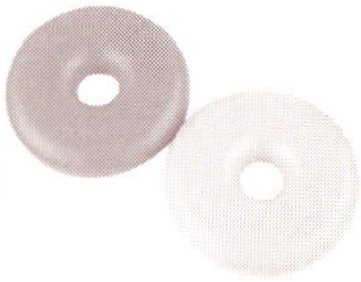

洗濯機

マツイ棒　歯ブラシ

週に1回

❶ 洗濯機のドラムの淵（a）は汚れやすい場所です。ドラムを少し引っ張るようにして、水で湿らせたマツイ棒で奥まできれいに拭きます。

❷ ドラムの最上部（b）は歯ブラシに酢をつけてこすります。

❸ 洗濯槽の穴（c）は湿らせた綿棒を突っ込みながら汚れを取っていきます。

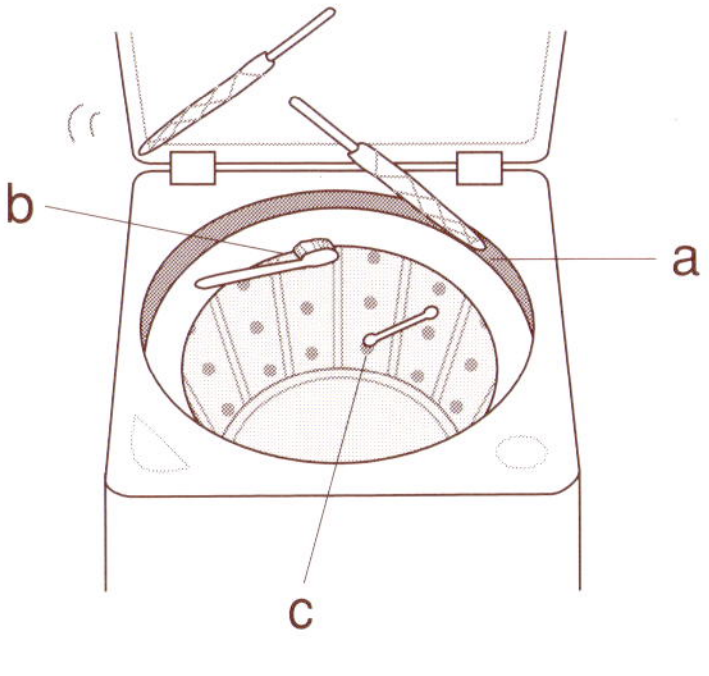

❹ ゴミ取りネットを外します。装着部分は細菌の棲みかです。歯ブラシに酢をつけてしっかりこすりましょう。ネットは歯ブラシでこすってゴミを取っていきます。

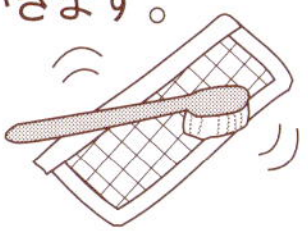

❺ 洗濯機のふたも忘れずに。湿ったマツイ棒で汚れを落とします。

❻ 排水パンも汚れやすい場所です。湿らせたマツイ棒で手の届かない場所もきれいに拭きましょう。

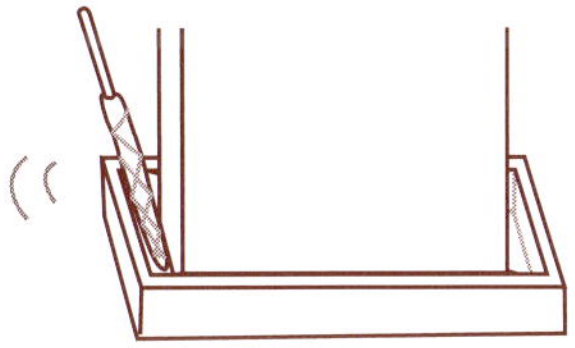

Point!

洗濯槽の掃除はこまめにやりましょう。月に2回ぐらいは洗濯機に満水の水を張り、お酢を1カップから1カップ半ほど入れて回せば、お酢の威力で洗濯槽はピカピカです。アレルギーや敏感肌の方はとくに頻繁に行って衣類をカビから守りましょう。

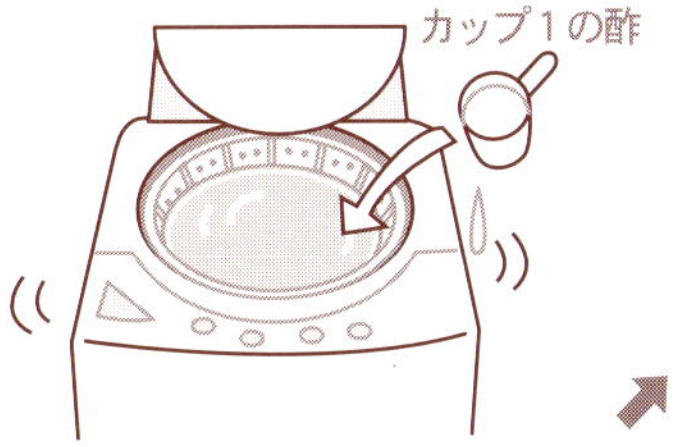

アトピー性皮膚炎対策術！

私の息子は生後20日から重度のアトピー性皮膚炎にかかってしまいよくなるまでの4年間、母子共々地獄のような生活を送りました。そのときの経験が私を掃除マニアにさせたひとつのきっかけになっているのかもしれません。今息子は14歳。おかげさまで肌はきれいですが、いつ何時再びアトピーが襲ってくるかもわかりません。二度とあのような苦しみを経験しないために毎日の生活に気をつけています。この本を手にしてくださっている皆さんのなかにもきっとアトピーで苦しんでいらっしゃる方は多いと思います。

そこで私からのお掃除に関する一言アドバイスをお伝えします。

● ハウスダストはアレルギーの大きな原因です。こまめに掃除することが大切です。

● 直接肌に触れる肌着や寝具は綿が最適。わが家は布団にいたるまで綿です。簡単に洗えるということもひとつの理由です。パジャマ等は襟がついてないものがいいですね。

● ランドリーリングと巡り合うまでは、私は二層式の洗濯機を使っていました。すすぎを十分に確認できるからです。しかし洗剤を使わずに洗濯ができることを知って、全自動に変えました。肌の弱い方にとって洗濯方法は大切です。洗濯槽の掃除はこまめにしましょう。

● 布団に掃除機をかけることも忘れずに。干したときも必ず掃除機をかけてダニを一匹でも多く取り除いてください。

● 息子の治療に際しては、鶴治療院にずいぶん助けていただきました。
問：鶴治療院 ☎03-3370-6408

● 息子が苦しんでいるとき、毎晩お茶風呂にいれていました。お茶に含まれているカテキンには殺菌効果があるからです。その経験を生かして、3年前にカテキンをベースにした入浴剤「ラクシャ」をプロデュースしました。無農薬畑でつくられたお茶が原料なので安心して使えます。

問：株式会社サンナホル ☎03-3498-0161

夢は90歳でスキップおばあちゃん!

便秘で苦しんでいる女性は少なくないと思いますが、幸せなことに私は超快便。「排泄物はすみやかに体から出す」。合理的な生き方が好きな私にはまさにぴったりです。

「これだ!」と思ったら私は徹底的に突っ走る性格なので、快便を目指して長年続けていることはいくつかあります。

まず、寝起きにガバッとお酢を飲んでいます。私の生活にお酢はなくてはならないもの。掃除用、料理用、そして毎朝飲むためのお酢の三種類を常備しています。

次は朝食の一品。特製豆乳バナナジュース。中身は無農薬バナナ、無調整豆乳、牛乳、オリゴ糖、ビタミンC、そして、「ホドイモ」。これらをジューサーでシェイク。やみつきになる健康的なジュースです。

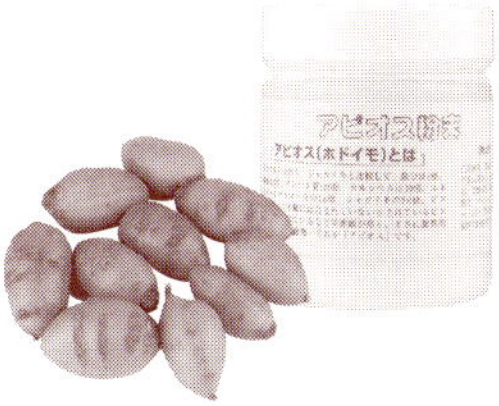

ホドイモ(アピオス)は、マメ科の植物です。
毎日の健康のために。
問:とうほく天間グリーン・ジ・アース株式会社
☎0120-014-229

この中の「ホドイモ」って知っていますか？　これは恐るべき食品です。食感はとてもゆり根に似ています。ジャガイモと比べると鉄分が四倍、繊維が五倍、タンパク質は六倍、カルシウムはなんと三十倍！

あげたら切りがないくらい優等生です。便通にもよく即効性があるので、便秘の方はぜひお試しあれ！

あとは運動ですね。私は掃除ほどすばらしいエクササイズはないと確信しています。家をきれいにしながら運動までできるのですよ。まさに合理的じゃないですか。私の大好きな生き方です。

しかしいくら私が「いいよ！」と叫んでも、その裏づけがないと「勝手に言ってるだけでしょう」と片付けられてしまうので、ただ今それを立証するために、週に二回専属トレーナーについて掃除の各動きの分析をしているところです。幸せなことに素晴らしいトレーナーの方と巡り会えたので、私の動きはブラッシュ・アップされています。

私の人生最大の目標は、「死ぬまで自分の体を

自分で支えること」です。その夢を達成するために
は毎日の積み重ねがすべて。
九十歳になってピョンピョン、スキップが踏めたら
うれしいじゃないですか。その夢に向かって、毎日掃
除を楽しんでいる私です。

90歳の松居さん　老人会にて
松居さん どうして いつも 元気なの？
それは掃除！
掃除の おかげよ
ふとんも 自分で！
じゃぶ
じゃぶ
あ、汚れ 発見！
軽やかにスキップを 踏む松居さんでした
こりゃ まいった

さあ がんばって お掃除 しましょ！

江原先生のご本から

家を建てるときに、江原啓之先生のアドバイスをいただいたことは玄関のコラムにも書きました。江原先生のご本はたくさん出版されていますが、なかでもこの一文は、まさに私の思いにぴったり！　鳥肌が立つくらいです。この文章を読んだら、きっとあなたもお掃除したくなると思います。

江原啓之著『幸運を呼ぶ「たましいのサプリメント」スピリチュアル　セルフ・ヒーリング』
（三笠書房　王様文庫）60～61ページより抜粋

まずは、あなたの部屋を見直してみましょう
忙しすぎて、「自分の生活」をおろそかにしていませんか？

あなたは部屋をいつもきれいにしていますか？

仕事や勉強などで忙しいと、つい掃除が後回しになってしまいます。

けれど、部屋の掃除をおろそかにしていると、疲れはますますたまってきます。

あなたが暮らす部屋と、あなたの心身はつながっているのです。

掃除の時間は心を振り返る時間。心の掃除をする時間だと考えてください。

よく「部屋を見るとその人がわかる」といいますが、スピリチュアルないい方をすれば、部屋を見ると、そこに住む人のたましいの状態までわかるのです。

ゴチャゴチャと、ものがたくさん置いてある部屋では、その人自身の気持ちも整理できていません。反対にスッキリした部屋、温かみを感じさせる部屋にいる人は、たましいもスッキリとしていて温かいのです。

逆にいえば、部屋をスッキリと片づいた状態にすることで、気持ちも整理できて、温かい、心地いい気分になれるということです。

ですから忙しいとき、また、疲れてイラだっていると感じるときほど、いつもよりていねいに部屋を掃除してみましょう。その効果にきっと驚くはずです。

また、掃除は、ほこりや汚れをとるためだけにするのではありません。部屋にバリアを張り、悪いエネルギーが入ってこないようにする意味もあります。ほうきや雑巾を持ち、自分の手を使って掃除をすると、自分のオーラが部屋のすみずみまで付着します。そのオーラがバリアとなって、部屋を守ってくれるのです。それが結果的に、自分自身を守ることにもつながります。

格式のある料亭や旅館に行ったとき、「あまりウロウロできないな」と感じることはありませんか？　それは、すみずみまで掃除が行き届いていて、女将さんはじめ従業員のエネルギーが満ちているからです。

逆に、汚れている部屋では、平気で動きまわれます。それはやはり、人のエネルギーが付着していないからです。バリアが張られていないのです。

そういう部屋には、悪いエネルギーも入りやすいですから、そこで暮らしていると、疲れがたまります。

あとがき

最近、テレビや雑誌のお仕事で「お掃除隊」として一般のお宅にお邪魔する機会が増えています。お会いする奥様方は年齢からみると私の娘のような方々です。

お邪魔するにあたっては、お宅にスタッフが事前調査にお伺いしています。私がその感想をたずねると「特別汚れていなかったですけど……」といつもの返事が返ってきます。

ところがです。実際にお邪魔してみると、撮影に協力してくださっているのに申し訳ないのですが、かなりの汚れです。

玄関のドアから始まり、リビング・台所・寝室・洗面台・浴室・トイレ……。とにかくどこを見ても唖然とするばかり。スタッフも目を疑って呆然としています。でも、これは決して特別なお家の話ではありません。ゴミ屋敷に出向いているわけではなく、普通のお宅なんです。

私にはどうしても「家が泣いている」ように思えてしかたありません。「助けて……」という叫び声が聞こえてきそうです。建物の新旧の問題ではなく、どの家もお掃除したらすばらしい輝きを放つのに残念です。

反対にうれしいこともあります。私の掃除をそばで見つめて「こんなに簡単なんですね。明日はこっちをやってみます！」と素直に感動して、お掃除ごころを持ってくださることです。

私は一人でも多くの方に「お掃除はよいことづくめなんだから、やらないと損しちゃうよ！」というメッセージをお伝えしたくてこの本を執筆しました。

別に掃除をプレッシャーに感じることはありません。ちょっとした時間の使い方、用具の選び方、その使い方、そして置き場を見直せば、あなたの掃除観は変わるはずです。

どうかエンジョイしてください。そして、幸せになってくださいね。

二〇〇四年　十月

松居一代

松居一代（まつい かずよ）
女優、エッセイスト。
1957年　滋賀県生まれ。
1979年　「11PM」の司会者として芸能界デビュー。
主な出演映画に「マルサの女」「肉体の門」「夜逃げ屋本舗パート2」など。
1994年　処女作『隆一の凄絶アトピー日記』（主婦の友社）がベストセラーとなる。他に『アトピーがくれた生きる力』『欠陥マンション、わが闘争』（共にPHP研究所）がある。
現在は、テレビ、執筆、講演会活動を主に「元気配達人」として活躍中。また芸能界一の“お掃除名人”として注目をあびる。
2001年　長男を連れて俳優の船越英一郎氏と再婚。

松居一代の超おそうじ術

著　者　松居一代
発行者　黒川裕二
発行所　株式会社　主婦と生活社
〒104-8357　東京都中央区京橋3-5-7
編集部　03（3563）5135（代）
販売部　03（3563）5121（代）
振　替　00100-0-36364
印刷所　大日本印刷株式会社
製本所　株式会社明泉堂

ISBN4-391-12987-6　C0077

装丁・本文デザイン　田代眞紀@GOEST
撮影　高山浩数
イラスト　長嶋八千代
編集協力　（有）オーキャン
編集担当　田中澄人